法隆寺金堂釈迦三尊像(『飛鳥・白鳳の在銘金銅仏』同朋社刊より)

法興元卅一年歳次辛巳十二月鬼
前太后崩明年正月廿二日上宮法
皇枕病弗悆干食王后仍以勞疾並
著於床時王后王子等及與諸臣深
懐愁毒共相發願仰依三寶當造釋
像尺寸王身蒙此願力轉病延壽安
住世間若是定業以背世者往登淨
土早昇妙果二月廿一日癸酉王后
即世翌日法皇登遐癸未年三月中
如願敬造釋迦尊像并侠侍及莊嚴
具竟乘斯微福信道知識現在安隱
出生入死随奉三主紹隆三寶遂共
彼堓普遍六道法界含識得脱苦縁
同趣菩提使司馬鞍首止利佛師造

同光背銘文

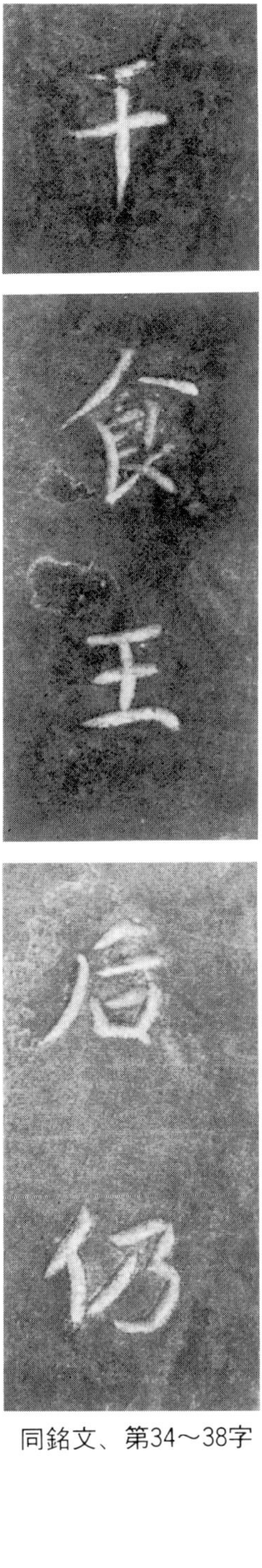

同銘文、第34〜38字

皇福寺塔銅函銘(拓本)　　新羅(706年)

1942年、慶州の皇福寺址にある、一名を皇福寺塔と呼ばれる「慶州九黄里三層石塔」(国宝37号) を補修するとき、第２層の屋蓋石から発見された銅函に刻まれた銘文である。これは聖徳王（在位702～737）が父である神文王（在位681～692）と母の神穆太后、そして兄の孝昭王（在位692～702）の冥福を祈るため、孝昭王が建てた３層石塔内に仏舎利を４個、阿弥陀像を１軀、『無垢浄光大陀羅尼経』１軸を塔の２層に安置したという内容を函内の銅板に刻んだものである。

新装

聖徳太子論争

家永三郎
古田武彦

新泉社

聖徳太子論争■目　次

装幀　勝木雄二

法隆寺の銘文についての新説

家永　三郎

古田武彦氏は、一九八四年三月に『仏教史学研究』にⒶ「法隆寺釈迦三尊の史料批判――光背銘文をめぐって」を発表し、翌八五年四月にⒷ『古代は輝いていたⅢ　法隆寺の中の九州王朝』（朝日新聞社刊）と題する著書の第四部「法隆寺の中の二つの金石文」の第一章「釈迦三尊の光背銘」でほぼ同趣旨の見解を重ねて述べ、さらに八八年刊行の著書Ⓒ『古代は沈黙せず』の第六篇にⒶを再録された。

法隆寺金堂釈迦三尊は聖徳太子のためではなく九州王朝の君主のために造られたものが法隆寺に移されたのであり、これによって太子の没年月を壬午年二月二十二日とすることはできず、日本書紀の辛巳年二月五日が正しく、法隆寺釈迦銘と同じ没年月日をふくむ天寿国繡帳銘も後の造作とするほかない、というのが古田氏の新説の大綱である。古田古代史学の全体にわたる批判は私の能力を超えるので今は述べられないが、法隆寺の銘文は私の専門領域に属し、この新説を黙視することができず、ⒶⒷの寄贈にあずかったのちの一九八六年二月一一日付の私信で、他の部分にもわたる詳細な意見を述べた。

しかしながら、かような重大な問題について私信による論争を続けても学界に寄与することができないので、ここに私見を公表し、第三者の公正な判断を仰ぎたいと考え、この一文を起草した次第である。本稿は前記八六年二月一一日私信を基としたものであるが、公表に適するように書き改め、論旨を補充し、法隆寺の銘文問題のみに批判を限定することとした。右私信はもっぱらⒷへの批判として書かれているので、ここでもⒷを対象として当該個所を特定し、古田説の重要部分を紹介したのちに卑見を述べることとした。

一　Ⓑ二三四〜五頁。聖徳太子の没年月日について、氏は「この没年の時期は『日本書紀』成立の養老四年（七二〇）から、わずか百年前だ。その百年の間に、聖徳太子の正しい没年月日を」「忘れ去っていたのであろうか」、「やはり、聖徳太子の没年月日は『書紀』の記す通り、推古二十九年二月五日である。わたしはそのように考えるほかはないのである」と主張している。

右の主張は「わずか百年前」のことを「忘れ去っていた」はずはないという、一種の経験法則がその根拠としてあげられるのみで、傍証となる史料はあげられていない。しかし「百年前」は「わずか」であろうか。それは三世代にわたる長年月と考えるほうが自然ではなかろうか。正確な没年月日がなんらかの理由で誤り伝えられる可能性は十分にある。現代のような情報過多の時代にあってさえ、一九四一年一二月八日、一九四五年八月一五日がどういう日であったかを知らない世代が生れているのである。

そもそも推古紀の年紀が全体にわたり多くの重大な疑問をかかえているのである。推古紀の最古の古写本である岩崎本では、他本と次のように年だてがくいちがっている。

岩崎本	その他の本
三十年	三十年は欠
三十一年	三十一年
三十二年	三十二年
三十三年	三十三年
三十四年は欠	三十四年

書紀集解には「三十年」の条に「原作三十一年推長暦改」とし三十三年を欠とした。この相違がどうして生じたか、私の見たかぎりでは、正確な説明を加えた人は一人もいない。太子の没年とされている二十九年が流布本に欠けている三十年の前年であるだけに、この年紀のくいちがいと関連しないと断定できない。

上宮聖徳法王帝説では、「志帰嶋天皇治天下卌一年」以下、日本書紀と異なる年紀が立てられており、その最後に「上宮聖徳法王又云法主王甲午年産壬午年二月廿二日薨逝也」という記事があって、日本書紀と異なる年紀が欽明から推古にわたって存在したことを示している。これには「甲午年産」「生卌九年」「墓川内志奈我岡也」のように、法隆寺金堂釈迦像銘・天寿国繡帳銘に記されていない事項をふくんでいるから、それらの銘文とは別にこういう所伝があったと考えるほかない。

法王帝説に三の金石文を引用している部分は、拙著『上宮聖徳法王説の研究』や山田孝雄氏が『国語と国文学』第三十巻八号掲載の拙著書評で立証されたとおり、「上宮聖徳法王帝説」の内題をもってはじめて編集された古本には書かれておらず、後人の勘物が今本でその前後の古本部分と同じ形態で書写されたのであるから、法隆寺の金石文とは別に右のような所伝があったとすべきであろう。

流布本三十一年紀の秦寺の記事は、朝野群載所載承和五年広隆寺資財帳所引縁起に「推古天皇卅歳次壬午」のことと され、ここにも一年のくいちがいが見られ、しかも岩崎本の年紀とは合致しているのである。

古田氏は一九八〇年刊行の『文芸研究』第九十号に発表した「日本書紀の史料批判」において、日本書紀の推古～舒明期に「十年以上の誤差」が生じている旨論じている。その結論の当否について私は判断を留保するが、日本と中国との交渉という重大事件についてそれほど大きな年紀の誤があるとされることは、「わずか百年前」の史実を「忘れ去っていた」はずがないとの上引論旨と矛盾しているではないか。

推古紀を通覧すると、朝廷の記録またはそれに準ずる文献に拠ったと思われる記事もあるが、聖徳太子関係の記事には、すでに権者化された太子を語っているものが多く、坂本太郎氏「日本書紀と聖徳太子の伝記」（『古典と歴史』所収）は、「聖者として特別の尊信をささげた趣が横溢した」「太子の伝がすでに作られていて」、日本書紀はそれを素材として用いている、と推論した。私もまた「伝記」と言えるかどうかわからないけれど（上宮聖徳法王帝説も「伝記」としてまとまったものではなく、太子関係の諸文献数種をつなぎ合わせたものにすぎない）、権者化された太子についての説話群によって書いたと推認される記事が多いと考えるものである。書紀編者の造作したとしか考えられない記事もあり、最古の太子伝とされる推古紀も法王帝説も説話化された部分が多く、朝廷・諸氏族の記録のような確実度の高い資料ばかりで成り立っているのではないと思う。

一読して説話とわかる記事を挙げてみると、推古元年紀の太子の生誕と超人的能力を記した一節、推古二十一年紀の片岡山飢者の物語、二十九年二月の太子の死に対する諸王・諸臣・百姓の悲歎の描写、それに続く高麗僧慧慈の後追い死の物語などがあり、これらが太子を権者とする立場からの物語があってそれに拠ったにちがいなく、到底記録類から出た記事とは考えられない。ことに高麗に帰った慧慈の死がどうしてこれほど具体的に日本に伝えられたか、到底史実とは考えられず、太子の推古二十九年二月五日死の記事がこれと組合されていることは、太子の没年月日の信頼性を疑わせるに十分である。

二年二月紀の「詔皇太子及大臣令興三宝。是時諸臣連等各為君親之恩、競造仏舎。即是謂寺焉」、十五年二月戊子紀の神祀祭拝の記事なども、宮廷の記録としてそのような年月日をそなえたものがあったとは到底考えられない。前者は法王帝説に「少治田宮御宇天皇之世上宮厩戸豊聡命嶋大臣共輔天下政而興隆三宝」とあるような、推古朝の一般的政策を推古初年の特定の年月に割りあてたものにすぎまい。「是時諸臣連等各為君親之恩競造仏舎。即是謂寺焉」というような文章が記録に書かれるはずがなく、造作の文字であることが明白である。

後者は、つとに津田左右吉氏が「神祇の拝祭は民族的風習であり、又たそれは一定の場合に一定の儀礼を行ふのであって、(中略)かゝる漠然たる意味でかゝる拝祭があったとは信じ難い。(中略)神道と仏法とを両立せしめる思想から、仏教に関する記載の多いのに対して、神道に由縁あることを掲げようとしたため」に「かかる記事が作られた」(『日本上代史研究』一七二頁)と解していたが、まったく同感である。

このように推古紀の記事に陳述史料として信用しがたいものの多いことから考えて、太子の没年月日についても、私は推古紀のそれよりも法隆寺釈迦像銘と天寿国繡帳銘のそれのほうが正しいと考えざるをえない。釈迦銘には「鬼前大(原稿「皇」)后」の「鬼前」のように説明のつかない文字もあるが、「干食王后」は、上宮記逸文に他文献が「膳」としているのを「食」とし(続日本紀天平宝字三年条にも「食朝臣」が見える)、金史撤高喝伝に「固不敢干渉」(『字源』による)とあるように「干」にあずかるという意味があるから、「干食王后」を「カシハデノキサキ」と読むことに少しも不自然はない。嫡妻でない太子の妻を「后」と書くのは、古事記に倭建命の嫡妻でない弟橘比賣を「后」としているのと同例である。

この時代には、人名のような固有名詞でさえ、蘇我稲目を巷奇伊奈米、山代王を山背王とするなど、同じ読みに異なる漢字を宛てた例が多いのを考えれば、「王后」をキサキと読むことは可能と思う。「王后」の「王」についても、萬葉集巻二高市皇子尊城上殯宮之時柿本朝臣人麻呂作歌に天武天皇と高市皇子とをそれぞれ同じ「大王」と表記しており、皇族男子を「王」と呼んでいたこととあわせ考え、「王后」を皇后の意義のみに解しなくてもよいのではないか。「上宮法皇」とあるのも、本来ならば「僧籍に入った天子」と解すべきであろうが、常陸風土記の「倭武天皇」、播磨風土記の「宇治天皇」「市辺之天皇」のように大和朝廷が天皇と公認していない人物を「天皇」と書き、それを朝廷に献じているのを見ても、「皇」という文字を天皇でない聖徳太子に流用することも、それほど不可解とはいえまい。

二　Ⓑ二四八〜二四九頁　天智九年紀の法隆寺罹災記事の解釈。氏は従来のほとんどの論者は「一屋余す無し、ただし、本尊は無事なりき」と解してきたが、「わたしの理解はこれに反する。わたしの目には、右の一文は、(本尊をはじめ）一屋余す無し。このように解することこそ、もっとも端的な、文章理解の大道、わたしの理性にはそのように映ずるのだ」。

しかしながら、私は一九三九年の喜田貞吉・足立康両氏の法隆寺論争の時から、天智九年紀の文章が原史料の忠実な録取であることに疑問をもっていた（『歴史地理』増刊号に寄せた拙稿）。天智九年紀には「災法隆寺」とあるが、「法隆寺」という寺名が天智九年に存在したかどうか疑わしい。飛鳥寺に法興寺、秦寺に広隆寺、斑鳩寺に法隆寺というような法名が付せられたのは、天武八年紀の四月乙卯条に「定諸寺名」とあるによれば、この年ではなかったかと考えられるのである。天智八年是冬条に「災斑鳩寺」とあり、「調使膳臣等二家記」を史料にふくむ上宮太徳太子伝補闕記に「斑鳩寺被災」とあるように、天智九年紀の原史料には「災斑鳩寺」と記されており、「一屋無余」は書紀編者の潤色ではないかと思っている。「一屋無余」が原史料にあったとしても、この四字は「一屋無余」以上の何事をも語っていない。屋内の仏像仏具や寺僧等に被害がどの程度あったかについては沈黙している。「本尊をはじめ」という意味がふくまれているとの主張は、傍証を欠〔原稿「書」〕く主観的判断とせざるを得ぬ。

私は、後年の興福寺・大安寺・東大寺等の南都諸寺の焼亡についての史料を一々検討している余力をもたないけれど、これらの諸寺の重要伽藍の焼失にもかかわらず多くの八世紀の仏像が現存する事実に照すならば、伽藍が焼けても仏像を運び出す可能性を推認できるように思う。法隆寺の釈迦像について、町田甲一氏『法隆寺』七四頁に次のような推論が示されているが、きわめて説得的と考えている。

「まず金堂の隣の塔に落雷し（むかしの寺院の火災の大部分は塔への落雷によるものらしい）、塔の炎上中に、この三尊を救出すべく最初に像と光背とをとめている枘《ほぞ》をはずし、光背を像の背後に落とし、本尊を救出していたのであろう。その際大光背はあお向けに一回転して先端から落ち、みずからの重量で先端を前方へ折りまげて損傷した——もちろんそのおり頂上の透かし彫りの宝塔部を破損し、また光背周縁の何体かの飛天をもそこなったものであろう」、「透かし彫りの飛天は一体ものこらず失われている。蓮弁形の大光背の先端の部分にも、大きな損傷がみとめられる」。仏像の現状と罹災時の運び出しの作業を想定しての推論である。他からトラブルなしに運び入れられたものであれば考えられない損傷であるから、火災時の損傷と考えるのがいちばん無理のない推論と思う。

天智紀は全体として史料の収集、信頼性、記事の配列が粗に流れ、きびしい批判が必要である。天智九年紀の火災の叙述よりもオリジナルな表記をもつ法隆寺罹災記事が八年の条にも見えるのも不審であり、同一事件の重出ではないかと考えられる。懐風藻の序に「経乱離悉従煨燼言念湮滅」と記されているとおり、壬申の乱で近江宮の記録が「悉く」焼失し、史料が極度に不足していたから、当然の結果であろう。大体日本書紀のなかで宮廷の記録を主として説話に流れていないのは、天武・持統紀の三巻のみで、それより前の紀の記事は疑ってかかるのが安全であろう。法隆寺火災の記事は、童謡を付会することにより、時勢の不安を暗示する文脈の中にあり、編者が加筆した可能性が高いのではないか。

三　Ⓑ二五〇頁。天寿国繡帳銘の間人母王・聖徳太子没年の記事について、釈迦像光背銘が聖徳太子母子についての文章でないという前提から、「これは明らかに『上宮法皇＝聖徳太子』説に立った造文であることが知られよう。それが、たとえかなり早い時期だったとしても、ことの本質上、その造作性が疑いえないのである。二次的史料だ。もっとも、実物はほとんど現存せず、もっぱら『上宮聖徳法王帝説』によっているから、その点、右の批判が原物そのものに当るか、それとも、右の書写本のせいか、判然とはしがたい」。

天寿国繡帳銘は法王帝説の引用文によってのみ伝えられているのではない。書写年代は法王帝説より下るが、法王帝説の引用文のような脱字のない、まったく別系統の鎌倉時代の古写本が少くとも三種現存するのである。一種は二四〇字の断簡七片、他は完本二種（拙著『上宮聖徳法王帝説の研究』増補版四八二―四八四頁）。

しかも、これらの写本は、法王帝説では脱しながら現存繡帳の残簡にある文字をふくんでいる。何よりもその史料価値を保証するのは、一部分とはいえ原物の繡帳とそして繡出された文字の一部とが現存することである。この繡帳の図像学的、工芸史的、字形史的検討により後世のものとの判定がなされない以上、むしろ七世紀前半の様式とすることに支障がないとされている現段階において、銘文を疑うことは困難と思われる。

銘文に即して考えても、「巷奇」「足尼」等の仮名が上宮記や埼玉古墳鉄剣名の仮名と同じ古い用字法を使っていること、ここに見える「多至波奈大女郎」「尾治王」が上宮記の「韋那部橘王」「乎波利王」と符合し、古事記・日本書紀に見えない太子の妃の系図を伝えていることは、このような内容の文章が「造文」でないことを示している。

推古二十九年二月五日聖徳太子死が正確とされる氏は、「大和を中心とする貴族や学者たちのすべてが、この高名な太子の正しい没年月日を忘れ去っていたのであろうか」「わずか百年前。全員忘却の霧に埋もれるにはあまりにも短かすぎる」（Ⓑ二三四〜二三五頁）と強調される。

しかしながら太子の死去は斑鳩の地においてであって、飛鳥ではない。斑鳩にこそ太子の没年月の記憶が深く残っていると考えるのが妥当なのではあるまいか。もともと太子と無関係の仏像を法隆寺にもちこみ、そこに記されている没年月日に従った繡帳を「造作」して斑鳩で何の疑問もなく受容されたのだろうか。日本書紀の完成が「わずか百年前。全員忘却の霧に埋もれるにはあまりに短かすぎる」という命題は、百年よりさらに短いはずの法隆寺の銘文についてこそいっそうよく適合するのではなかろうか。斑鳩の人々が太子の没年月日を故意に変更するとは考えにくい。

なお、釈迦像銘に語られている鬼前太后と干食王后と太子との三者の死、繡帳銘に語られている間人母王と太子との両者の死は、磯長陵内の考古学的実見の結果確認された三人の合葬が右の三人であることを推測させるに足り、もちろん断定はできないけれど、高度の間接証拠となり得ると思う。

四 Ⓑ二三九～二四〇頁。「この光背銘が聖徳太子に関するものに非ざることを決定的に立証するもの、これはこの光背銘における推古天皇の不在だ」「この一事をもってしても、本来、この光背銘を推古朝下の飛鳥仏と見なすことは、牽強付会に非ずんば、到底無理だったのではあるまいか」。このような断定的判断が証拠なく認定できるのは、私にとり不思議である。斑鳩寺は上宮王の一族の私寺であり、推古天皇が関与しなければならない必然性はどこにも無い。現在の私は、最初の勅願寺は舒明十一年七月の百済大寺であると考えている（この点は、戦争中に書いた拙著の見解を戦後に修正している。『上宮聖徳法王帝説の研究』初版二冊本の刊行は戦後であるが、戦時中執筆した原稿を一字も改めず活字にしたもので、内容は戦時下の見解であると見ていただきたい）。

それゆえに、飛鳥寺丈六光銘やそれを原史料として適当な年月にあてた推古紀の飛鳥寺造立記事の信用性は否定的に評価されざるを得ない。法隆寺金堂薬師像銘についても同じである。仏像の様式論は私の守備範囲外だが、この薬師像が釈迦像よりもはるかに時代が下ることについて多くの美術史家が述べており、したがってその銘文の史料価値もきわめて疑わしいとするのが安全であろう。

五 Ⓑ二五一～二五二頁。「仏説」という言葉があるから「帝説」には「〞天皇の説いた言葉〟の義と共に、〞天皇家の説話〟の義がありえよう」。これも証拠の無い類推の飛躍としか思えない。「仏説」は多くの用例があるけれど、「帝説」という語は他に全く所見がない。後世の法隆寺僧が「帝説」ではなく「帝記」と誤写しているのは、「帝説」としては理解できなかったためであるかもしれない。

私は今のところ「帝説」の意味は不明としておくべきであると考える。氏は「帝説」の作者が光背銘の「上宮法皇」を「上宮法王」と「改変している」とするが、さきに一言したとおり、この銘文の引用者は、平安朝の勘物の記入者であって、「帝説」の「作者」ではない。「上宮聖徳法王帝説」という内題は、勘物記入以前、本書の最初の成立期にすでに記されていた文字であって、光背銘の引用者が「上宮法皇」を「上宮法王」としたのは、この内題にひきずられた単純な誤写と考えるのが穏当である。現にこの部分の三の銘文の引用には多くの誤脱があり、引用者が書写に万全を期さなかったと思われるので、この部分だけに「あえて」「改変」したとするのは無理と思う。

六 天寿国繡帳とこの銘文が「造作」されたものであるとするならば、なに人が、どのような意図で「造作」したか、という疑問が生ずる。「造作」とすれば、銘文後半の繡帳製作の由来の文章は虚偽の事実を述べたことになるが、このような虚偽が斑鳩で通用する可能性があるであろうか。この繡帳は法隆寺において当然どこかにその全容を示す形でかかげられていたはずである。

しかも、その原形は「二丈六尺」または「二丈」と伝えられる大きなもので、その表面の百個の亀甲内に各四字計四百字で銘文が縫い出されており、その前に立つ人々の目に容易に読み通されたにちがいない。そこに真実でない繡帳の由来が説かれていても、問題にならなかったとすれば不思議である。そもそもこの繡帳を作って真実でない由来を示そうというのは、何のためなのか、私には推測できない不可解のことである。

追記

一、古田氏の反論は、拙稿原稿を見て書かれたものであるが、拙稿中明白な誤記二カ所の指摘があることを校正刷によって知った。誤記をそのまま印刷するのは読者に失礼であるが、訂正してしまうと、古田氏の指摘との関係が不明になるので、訂正文字直下の〔　〕内に指摘された原稿の誤記を出しておいた。

二、古田氏の反論への再反論は今はさし控えるが、どうしても一筆しておかなければならない二点のみを記す。

A『歴史地理』七三巻六号の拙稿は、喜田氏の天智紀記事の文献批判欠如を批判したにとどまり、それ以上のことは一切言っていない。非再建説を支持するための意見ではない。自分の守備範囲外のことについて沈黙を守るのが、私の一貫した方針である。

B　天寿国繡銘四百字。戦時中に書いた本文では四百一字のどの一字が衍か決しかねていたが、戦後の増補版五〇〇頁で「廿一癸酉」とすることを断定し、『日本思想大系聖徳太子集』三七〇頁頭注でも同旨を記して全四百字を確定してある。（一〇五頁参照）

家永三郎氏の批判に答える

古田　武彦

序

今回、家永三郎氏より公開論争のための一文を賜ったこと、わたしにとって無上の喜びである。

思えば、論文「邪馬壹国」（『史学雑誌』78―9一九六九）以来、最近の論文「歴史学の成立――神話学と考古学の境界領域――（『昭和薬科大学紀要』一九八九）に至るまで、二十年。その間、或は単行本、或は雑誌等の形で、わたしの所論を世に問いつづけてきた。しかしながら、これに対する学界の反応、必ずしも十分ならず、否、大いに不十分の憾みを感じつづけてきたのであった。

たとえば、倭人伝の行路解読、たとえば、倭人伝中の「物」の記載と考古学的出土物との対応、たとえば、従来の考古学の編年基準尺に対する批判など、いずれも学問上決して看過することのできぬ重要課題でありながら、わたしの所論に対する再批判の論文の出現を見ぬまま、空しく今日に至っていたのである。

いわんや、わたしが『盗まれた神話』以来展開してきた、従来の神話研究に対する批判、さらに本稿にも重要な関連をもつ、『失われた九州王朝』以来の、近畿天皇家一元主義的歴史観に対する批判、これらに対する再批判を学界に見ること、あまりにも乏しき状況、それを不本意としてきたのであった。(1)

しかるに果然、斯界の先達にして、当面の文献(「上宮聖徳法王帝説」)に対し、「金字塔」と目された研究を達成されている家永氏より再批判をえたこと、これに過ぐる幸せはない。(2)

今、家永氏の新稿への応答に入る前に、今までの経過(書簡往復)について若干記させていただきたい。

氏の論述の冒頭にもある通り、氏はわたしに対する一九八六年二月一一日付私信で委細にわたる質問を寄せられた。全九項目にわたり、記・紀の説話問題・津田史学の方法論(「造作説」問題)・雄略遺詔「盗用」問題・古代呪術における「性器露出」問題、さらに今回の「法隆寺釈迦三尊銘文」及び「天寿国繡帳」問題等、すこぶる多岐にわたる興味深い内容であった。

もちろんわたしとしては、直ちに御返信したし、と思ったものの、『よみがえる卑弥呼』『古代は沈黙せず』(いずれも駸々堂、一九八七・一〇月及び一九八八・六月刊)及び『まぼろしの祝詞誕生』(新泉社、一九八八・五月刊)所収論文の研究・執筆の渦中にあった上、氏の長文書簡中には幾多の参考すべき書物・史料に関する叙述があったため、直ちにお答えの機を得ず、ようやく一九八八年九月一一日書信で、この論争公開「大賛成」の旨をのべ、次いで一九八八年一一月四日の長文書信(論文ともいうべき質・量のもの)をしたためて氏にお送りしたのである。

ところが氏は、今回、当初の質問(一九八六・二・一一)の九項目中の四項目、つまり約半分に当る「上宮聖徳法王帝説」関係のみを摘出し、これに一部新しく書き加えられ、今回の新稿とされたのである。

氏自身のべておられるように、この部分が氏の「専門領域」に属するものであるから、わたしは今回の氏の措置に大歓迎の意を表する。しかしながら反面、右以外の論点(他の半分)も、全古代史学界にとって不可避の重要な論点をふくむ上、氏自身『津田左右吉の思想史的研究』（岩波書店、一九七二）という学術書を世に問うておられる学者であること周知のところであるから、是非今回の論争（二往復の予定）終了後、公開することによって、一般の「学を好む」人々、第三者の公正な判断を仰ぐこと、この一点を切望するものである。

なお一言すべきことがある。それは今回の論争の基礎、いわゆる「土俵わく」ともいうべき問題である。氏は、論争内容を、いわば〝考証的局面〟に限定し、「九州王朝」の可否問題などには及ぶ必要なし、の立場をとられんとするごとくである。確かに、ことが「近畿天皇家一元主義者、同志」という、同じ「わく」の中での論争ならば、相互の基本的歴史観〝抜き〟の考証も可能であろう。実際、学界内の多くの論争は、そのスタイルをとっていること、例示するまでもなく、通例である。

しかしながら、わたしの場合は異る。わたしがこの「法隆寺の釈迦三尊銘文」に注目したのは、単なる考証的興味に非ず、もっぱらわたしの「九州王朝」論とのかかわりにおいてであった。むしろ、七世紀前半における金石文として、わたしの「九州王朝」論にとって無二の実証例、そのように見なしたのである。換言すれば、従来の「近畿天皇家一元主義」の歴史観からは、理解不可能であること、この一点を論証せんと欲したのである。

したがって今回の論争のキイ・ポイントは、次の一点にあろう。すなわち、〝この「法隆寺の釈迦三尊銘文」は、従来の史観（近畿天皇家一元史観、氏の研究も、これに依拠して行われてきた。）によって「解説」可能か否か。〟これである。氏の質問は、当然ながら、氏の従来の立場（一元主義）から可能、という立場よりなされており、わたしはこれを否とする。この当否問題こそ、とりもなおさず氏の研究にとっての重要な依拠点、まさに根本史料とされた「天寿国繡帳」の史料価値、その命運を決するものとなるであろう。

以下、これらの点を、氏の御質問の項目順に答え、かつ詳論させていただくこととする。

一

(一)聖徳太子の「没年月日」問題

〈その一〉今、問題の二史料は次のごとくだ。

（A）〈推古廿九年〈六二一〉春二月己丑朔癸巳〈五日〉〉半夜、厩戸豊聡耳皇子命、薨二于斑鳩宮一——日本書紀推古紀

（B）〈法興元三十二年〈六二二〉〉翌日（二月二十二日）、法皇、登遐。——釈迦三尊銘文

右の（A）では、聖徳太子は明白に「推古二十九年〈六二一〉二月五日」の没と記録せられている。しかるに（B）では、この「上宮法皇」（右の「法皇」）なる人物は「推古三十年〈六二二〉二月二十二日」の没と刻されている。しかも、日本書紀に出現せぬ年号、「法興」をもって「紀年」されている。

従来の研究（家永氏をふくむ）は、この「上宮法皇」をもって「聖徳太子」と同一視せんと欲した。ために（A）の記述をもって誤、（B）こそ「聖徳太子の正しい没年月日」と主張したのである。

それに対してわたしは、氏の所引のように、〃書紀成立（七二〇）より「わずか」百年前の、太子の没年月日が「忘れ去ら」れ、「あやまられる」はずはない。〃そのように論じたのである。

これに対して氏は、

「しかし『百年前』は『わずか』であろうか。それは三世代にわたる長年月と考えるほうが自然ではなかろうか。」と反論された。

「百年」を、〃長い〃と見るか、〃短い〃と見るか、これは立論者の主観に属し、一種の「水かけ論」に堕する可能性が高いであろう。しかしながら幸いに、氏は自家の〃長い〃説の立論上の根拠をしめしておられる。学術上

の論議の当否は、その挙証上の「根拠」によって判断せらるべきこと、当然である。では、氏の立論の「根拠」として挙げられたところを見よう。

「現代のような情報過多の時代にあってさえ、一九四一年一二月八日、一九四五年八月一五日がどういう日であったかを知らない世代が生れているのである。」

氏の言われる通り、現代の若者たちに対して、いきなり右の年月日を告げて、その当日の歴史的事件を問うても、直ちに返答できぬ者は、あるいは多いかもしれぬ。しかしながら、このような、氏の一見もっともらしい挙例には、その実、大きな「論証上のあやまり」もっとハッキリ言えば「論理的作偽」がふくまれているのである。〈a〉今日の若者にとって、右の年月日の意義を〃聞かれて即答〃できないにしても、中学・高校の歴史教科書(たとえば、家永氏の教科書)を開いて、しらべれば、それぞれ「(大東亜戦争――太平洋戦争の)開戦の日」「(同じく)敗戦の日」であること、直ちに〃しらべがつく〃のであって、それには「二日」と要しないであろう。(もっとも現代の若者は、このような「共通一次的設問」には強く、「歴史上の意義考察」といった「主観テスト」あるいは「論文テスト」的設問には弱いこと、通例であるから、氏の挙例自身、かなり不適切かもしれぬ。ともあれ、本などの「文字記述」によって確認すれば、造作もなく判明すること、何の疑いもない。)

では、日本書紀という書物は、その著者が「即問即答」的に〃うろ覚え〃で走り書きしてできた著述であろうか。真反対だ。近畿天皇家の最高級のインテリ、貴族や学者が「長年月」推敲して元正天皇の養老四年(七二〇)、ようやく完成した本だ。「即問即答」式の形の〃記憶の有無〃などとは、比すべくもない問題なのである。氏の挙例のいかに不当であるか、思い半ばに過ぐるものがあろう。

その上、七～八世紀は当然「文字ある時代」だ。だから、〃壮大な著述の裏付け〃など待つまでもなく、一片の紙片に書き付け、保存することによって、当人の関係者が当人の「死亡年月日」を簡明に記録しうること、当然である。近年出土する大量の木簡類は、そのような「記録、断片史料」中、幸運にも〝遺存〟しえた、その一部にすぎぬであろう。

わたしは「人間の伝承能力」に関して、従来の神話学・民俗学等の通念に反し、はるかにその〝偉大なこと〟を強調する者であり、その点、別に詳述する機会があろうと思うけれど、今は「文字ある時代」だ。〝百年もてば、失われる〟といった命題を、現代の若者の「即問即答式のケース」を「根拠」として〝合理化〟されようとすること、わたしには全く理解不可能である。

〈b〉しかも、右にしめしたごとく、書紀の著者群は、八世紀初頭の「若者」ではない、長老や熟年、さらに壮年などの各年齢層の知識人たちの「総力」の上に完成されたもの、と思われる。当時といえども、「若者」たちならば、あるいはすでに「過去」の、ある人物の「没年月日」など、無関心な者も、ありえたであろう。しかし故老や長老たちの場合、敬慕すべき「聖徳太子」のことであるから、その「没年月日」を、(あながち文字記録に拠らずとも)強烈に記憶している者の存在したことをわたしは疑うことができぬのである。ことに、太子の「命日」に、記念の祀りを(仏教方式にせよ、神道方式にせよ)行う者、そのような追慕者は絶無だったのであろうか。わたしには信じがたい。

そして日本書紀が、そのような〝大和の中の太子関係者〟を「除外」して編述されたなどとは、わたしには〝夢想〟することさえできぬ。なぜなら、書紀は「太子、排除思想」に立つ史書ではなく、逆に「太子、称揚思想」に立つ史書であること、一目瞭然だからである。

このような書紀の史書としての根本性格に立ってみれば、現代の「自分のことに忙しい」ような世代(若者)

を、わざわざ例にとり、それも「即問即答式」の〝うろ覚え〟の有無を「根拠」として、「百年」は〝長い〟と称し、「正確な没年月日がなんらかの理由で誤り伝えられる可能性は十分にある。」と帰結しておられるのは、全く不当である。要は、

第一に、「文字記録（断片の書き付けでも、可）の保存性」を無視し、

第二に、太子関係者の「追慕の記憶」を無視し、

第三に、書紀にとって、余人ならいざ知らず、「太子の存在」が〝特筆大書〟されている事実との関係を無視し、

第四に、書紀の編者たちは、「若者」ばかりでなく、大和とその周辺の故老・長老たちをふくんで構成されている（あるいは彼等と密接な関係をもっている）ことを無視しているからである。

以上、氏の折角挙げられた、立論「根拠」が、一事例としても、全く不当であることが知られよう。

〈その二〉次いで氏は、推古紀における「一年誤差」問題をあげられる。岩崎本と他の古写本との間に、一年の誤差のあることを指摘され、これを根拠として、

「太子の没年とされている二十九年が流布本に欠けている三十年の前年であるだけに、この年紀のくいちがいと関連しないと断定できない。」

と論述しておられる。これを吟味しよう。

第一に、古写本間の「年時の異同」問題は、古写本研究上の〝通軌〟である。至るところで当面する、といっていいであろう。たとえば、親鸞の伝記中もっとも著名な、覚如の『本願寺聖人伝絵』において、「吉水入室」（若き親鸞の、法然門下への入室）の年時、及び「六角堂夢告」（同じく、親鸞が京都の六角堂で聖徳太子の示現を得、夢

の告げを授かったこと）の年時をめぐって、各古写本間に〃矛盾〃と〃相克〃の存在すること、親鸞研究上、周知のところである。

（A） 吉水入室

（イ）「建仁第三の暦春のころ」（一二〇三） ——東本願寺本・専修寺本

（ロ）「建仁第一乃暦春の比《ころ》」（一二〇一） ——西本願寺本

（B） 六角堂夢告

（イ）「建仁三年、辛酉、四月五日寅時」 ——東本願寺本、専修寺本

（ロ）「建仁三年、癸亥、四月五日夜寅時」 ——西本願寺本

右の「年時矛盾」の生じた、その由来について、わたしは最近の論文において詳論した(3)が、それはともあれ、このような〃史料現象〃に名をかりて、右の両事件を親鸞伝上から〃消し去った〃り、また〃別の年時に書き変え〃たり、安易に（別の確実な証拠なしに）なすべからざること、家永氏には既知の認識に属しよう。同じく、親鸞自身が、自筆の西方指南抄中で、自分自身の書写年時について「一年の誤記」を行っていることも、親鸞研究上、周知のところである(4)。

また七世紀後半、〃最大の歴史的事件〃ともいうべき白村江の戦について、

（A） 六六二 ——旧唐書・三国史記

（B） 六六三 ——日本書紀（天智紀）

と、ここでも「一年の誤差」の存すること、わたしがしばしば指摘したところであった(5)。これは〃両史書間の誤差〃である。

以上は、数多くの同類の諸例中の一斑をあげたにすぎぬ。史書・史料探究中、いわば〝日常茶飯〟ともいうべき現象に他ならぬことをしめしたのである。

けれども、ふたたび力説する。これらの現象を〝名とし〟て、自家の好むように（自分の所説に合うように）、問題の年時を「書き変える」、このような所業は可能だろうか。——否。厳正なるべき史料批判の研究者にとって、それはもっとも忌むべき〝恣意〟といわねばならないのである。

思い出す。いわゆる「邪馬台国」論者が、〝古写本にあやまり多し。〟の命題を名として、易々として「邪馬壹国」から「邪馬臺国」への〝書き換え〟を行った、あの研究史上の所業を。氏はまた、これと〝同軌〟の所業に奔られるのであろうか。わたしはこれに対して再び首を横にふらざるをえぬことを遺憾とする。

第二に、氏の所論には、重大な飛躍がある。もし、今問題の二史料が次のような「一年の誤差」の形をとっていた、としよう。

（A）聖徳太子、推古二十九年二月二十二日没　　——日本書紀、推古紀

（B）上宮法皇、推古三十年二月二十二日没　　——法隆寺の釈迦三尊銘文

つまり、両月日が同一であり、「年」だけが〝一年の誤差〟をもつ。こういう形なら、この誤差は、氏のあげられたような、「古写本間の一年の誤差」にもとづくという可能性は多い、といえよう。

しかしながら今の場合、「月日」（正確には「日」）がちがうのである。〝一年の誤差がありうるのなら、月日のちがいも。〟などという論法は、あまりにも粗漫である。失礼ながら、わたしにはそう思われる。なぜならこの種の論法を駆使しうるのであるならば、一両年内の死者をすべて〝同一人視〟しうることとなるであろうから。このような粗漫の論法は、わたしの甘んじて採りうるところではないのである。

なお氏は、右の「一年の誤差」（岩崎本と他本）について、「この相違がどうして生じたか、私の見たかぎりでは、正確な説明を加えた人は一人もいない。」とゆえありげにのべておられるけれども、このような誤差は、「故意による改変」のケースのほかは、執筆者の不注意ミスや同じく〃手もちの暦の不備〃や依拠史料自身にふくまれた誤認等によるものが多いから、そのような誤差の生じた理由を〃明らかにしえない〃のが通例である。この点、何も、氏のあげられた事例に限るものではない。（先記の『本願寺聖人伝絵』も、その一例であり、ために種々の推測が加えられてきたこと、わたしの論文にのべたごとくである。また白村江の戦の年時も、その史実としての重大さは、太子の没年月日とは比すべくもないが、そこに生じた「一年の誤差」の理由も、種々の推定は可能ながら、容易に断案はえがたいのである。）

従ってこのケースの「一年の誤差」の理由が明らかでないからといって、書紀に明記された「太子の没年月日」を〃自由に書き変える〃権利が、各研究者に与えらるべきでないこと、人間の常識に立ってみれば、当然といわねばならぬ。

〈その三〉次は、「別所伝」問題である。

氏は、『上宮聖徳法王帝説』をもって五つの部分に分割された。

第一部法王の系譜〈六段に分つ〉
第二部法王の行実〈同　右〉
第三部法王の行実に関する古文の引証〈同　右〉
第四部法王の行実及び関係史実の再録補遺〈同　右〉
第五部法王関係五天皇及び法王の御略歴

第一段　五代天皇

イ　欽月（明）天皇

ロ　敏達天皇

ハ　用月（明）天皇

ニ　崇峻天皇

ホ　推古天皇

第二段　法王

《家永氏『上宮聖徳法王帝説の研究』による》

今問題の「法隆寺の釈迦三尊銘文」や「天寿国繡帳銘文」は、右の第三部に含まれている。ところが、今、氏が問題とされるのは、右の第五部だ。それは次のようである。

第五部

第一段（a）

志歸嶋天皇治天下四十一年（辛卯年四月崩陵檜前坂合岡也）

他田天皇治天下十四年（乙巳年八月崩陵在川内志奈□□□）

池邊天皇治天下三年（丁未年四月崩□□□□或云川内志奈我中尾陵）

倉橋天皇治天下四年（壬子年十一月崩實爲嶋大臣所滅也陵倉橋岡在也）

少治田天皇治天下卅六年（戊子年三月崩陵大野岡也或云川内志奈我山田寸）

第二段（b）

上宮聖徳法王又云法主王甲午年産壬午年二月廿二日薨逝也（生四十九年小治田宮爲東宮也墓川内志奈我岡也）

（E）

以上に対する氏の所論は次のようだ。

〈その一〉 問題の二つの金石文の銘文をふくむ第三部とは別個に、第五部の文面は成立している。
〈その二〉 その上、後者は前者より古い。
〈その三〉 それゆえ、後者の中の「二月二十二日」の没年は、古くからの「所伝」であろう、と。

遺憾ながら、氏の論理の進行には、大きな錯誤もしくは誤認があるようである。なぜなら、

〈a〉前者（第三部）は、二つの金石文等に対する、はなはだ粗漏な書写と解説であること、氏も立証せられたごとくである。(6)
〈b〉従ってその（書写・解説の）成立は、それほど古い（七世紀前半乃至その直後）とは思われない。
〈c〉それゆえ、もし第五部の文面の成立が第三部の成立より前であるとしても、それをもって直ちに、七世紀前半及至その直後の成立とは断ぜられない。

右を要するに、問題の「釈迦三尊銘文」中の「上宮法皇」をもって「聖徳太子」に擬する手法が、必ずしも、この「上宮聖徳法王帝説」の作者の「独創」ではなく、先輩（法隆寺内の先輩）からの「模倣」であった。——その事実をしめすにすぎないであろう。

この「上宮法皇＝聖徳太子」説は、決して一個人の利害にかかわるものではない。この「釈迦三尊」を「本尊」としはじめた、再建直後の法隆寺の僧集団にとって、〃喫緊《きっきん》の共同課題〃であった、と思われるから、このような、いわば「偽伝の継承」の生ずるに至ったこと、当然である。

むしろ、一つの宗派、一つの本寺内に生じやすい「宗祖をめぐる偽伝」に関しては、決して単なる一個人の所為に非ず、むしろ「共同偽伝」のケースの一般であること、世界各地の各宗教・各宗派に珍しからぬ現象ではあるまいか。(7) この点、氏の認識手法の根本において、一種の「甘さ」を感ぜざるをえぬを遺憾とする。

氏が援引された、山田孝雄氏の「書評」も、精読すれば、明らかなように、「第五部（前）～第三部（後）」の関係を主張されたにとどまり、決して第五部の文面が〃七世紀前半頃の原形〃であることを「立証」しえたものではないのである。

以上によって、氏の「別所伝」論が、その実何等、「別所伝、原形」説の立証とはなりえていないことを知ったのである。

〈その四〉 氏はここで、再び「一年の誤差」問題にふれておられる。書紀の「推古三十一年」頃の秦寺の記事が、承和五年（八三八）の縁起に「三十歳」となっていて、「一年の誤差」がある、として、岩崎本の「年紀」の系譜の存することを指摘しておられる。当然のことだ。ある筆者の単純ミス（書きちがい）が後代に累写されるケース、また依拠の暦の誤差が、A～B～C等各写本に反映するケース等の存在すること、当然なのである。しかしながら、この「自明の事実」の指摘によって、「太子の没年月日の恣意的な書き変え」の許さるべくもないこと、前述のごとく自明である。

〈その五〉 書紀における「十年以上の誤差」問題との関連について。推古紀では、くりかえし「大唐」「唐帝」「唐」の用語が頻出している。従来説ではこれをすべて「隋」の意と〃飜読〃してきた。しかし、「隋の煬帝」（推古二十六年頃）は、明白に「隋」と書かれ、「唐の煬帝」とは記されていない。従って推古朝の対中国遣使は、文字通り「遣唐使」（初唐期）であって、従来説のような「遣隋使」ではない。わたしはこのように論じた。従って年紀〃当て〃において「十余年」（おそらく「十二年」）のずれがあることを指摘したのである。

氏はこの点を採り上げ、「十年以上の誤差」があるなら、「一年の誤差」の存在も当然。とすれば、古田が「太子の没年にあやまりなし」とするのは矛盾。そう論ぜられたのである。

この論法は、明らかに飛躍だ。なぜなら「十余年の誤差」「一年の誤差」といった問題は、暦の〝あてはめ〟(「十二年」の場合、十二支との関連)によってしばしば生ずべき問題である。しかしこれを根拠として「太子の没年月日」を〝書き変えんとする〟挙の不当なこと、累述したごとくだからである。

思うに氏は、わたしが「書紀の、あらゆる年時にあやまりなし。」と主張しているかのように、誤認されているのではあるまいか。そうでなければ、わたしに対して「上引論旨と矛盾」云々の揚言をされること、わたしには全く理解しがたいのである。

なお、推古期の対中国国交記事や白村江記事等は、肝心の当事者(外交と戦闘における、日本列島側の中心権力)たる「九州王朝」を〝抜き〟にして書紀が編成されていること、この書紀の一大偽妄と深いかかわりがある。右の「十余年の誤差」「一年の誤差」問題も、この「根本の虚構」と何等かの関係をもつ可能性がある。わたしの研究の視点からは、このような視野に光をあてざるをえないのである。しかしながら、氏の場合、この肝心の中心問題に関しては、逆に〝書紀の史書としての根本(近畿天皇家一元論)に全くあやまりはなし。〟として、一種の「信奉者」のごとき態度に終始されるとしたら、自由なるべき研究者にとって、これ以上遺憾なことはないであろう。

〈その六〉 次は、「太子、権者記事」問題である。氏は推古紀において、太子が〝神秘なる聖者〟のごとく扱われている事例を挙げ、そのような記事には信憑性なし、とし、それを根拠として、今問題の太子没年月日をも疑わし、とされたのである。

このような氏の論法は、一見もっともには見えるものの、その実、大きな問題をもつ。なぜなら、それは典型的な〝啓蒙主義者の採用した手法〟であり、歴史学研究上、すでに何回となく克服されてきた旧手法だからである。

たとえば、中沢見明。彼はその著『史上の親鸞』において、覚如の『本願寺伝絵』に描かれた親鸞の行実の史実性を徹底して疑った。しかしそれは、山田文昭氏以降の各研究者の反証によって、今や完膚なきまで〝論破〟されてしまったのである。その一斑をあげよう。

伝絵冒頭の親鸞系図。その伝世代数等の矛盾を突き、これ、〝親鸞の家系を飾るための造作の証拠。〟そのように見明は論じた。けれども、この点、文昭等の反証によって、経尹という「放埒人」の存在したためなどによる代数誤差（一代の差）であったらしいこと等がしめされた。すなわち、見明の〝想定〟したような「家系造作のための代数誤差」ではなかったことが証明されたのである。

次いで「夢告・夢想」類の記事。伝絵には、幾多の夢告・夢想記事が挿入せられている。六角堂女犯の夢告・蓮位の夢想記事等がこれである。これらに対して見明は、その史実としての信憑性を疑った。彼の〝合理主義〟乃至〝啓蒙主義〟に基く研究思想からすれば、当然であった。けれども、その後の研究の進展は、彼の推論の非であったことをしめした。親鸞の直弟、真仏等自筆の「六角堂女犯の夢告」また親鸞自作の「建長二年文書（三夢記）」などが、あるいは発見せられ、あるいは真作論証(8)（古田による）されることとなったからである。

以上のような研究史上の経験によってみれば、氏のごとく〝これは「権者記事」だから〟という理由で、直ちにその記事自体の信憑性を疑う、という手法の、いかに方法論上脆弱なるかが知られよう。これは、この種の記事が、たとえ〝神秘的な聖者〟化のいちじるしい史料性格をもつ場合でも、それが必ずしも小説家の創作（事実創作）的手法によるとは限らず、事実（史上の事実の断片）の上に立って〝神秘化の脚色を付加する〟というケースの少くないことに由来するもの、と思われる。

たとえば、イエス伝。A・ドレウスは『キリスト神話』によってイエスの実在を疑った。湖上散歩、唖者治癒等、数々の奇跡譚が中近東における「沙漠の聖者・首長譚」の常であることから、イエス伝全体が「架空の造作」なり、として、その信憑性を疑ったのである。けれども、O・クルマンの『キリストと時』などによって、その疑惑は否定せられた。

聖書内の語法の追跡などによって、原初期における「イエスの実在」が証明されたのである。

これを総括すれば、真相は次の一点にあろう。「実在のイエス」の伝記を叙述するさい、「沙漠の常識」に従って、さまざまの奇跡譚が「付加」されたのである。それゆえ、これを逆手にとり、〝「神秘的な聖者化」譚に満たされているから、イエス伝は信憑できず。〟とし、やがて「イエス架空説」へと導いた、ドレウスの啓蒙主義的研究思想は非だったのである。

その点、「シュリーマンの経験」も、同じ事態をしめす。西欧の古典学は、イリヤッド・オデッセーが、幾多の神話的挿話に満たされているゆえをもって、それは一片の詩的空想の所産と断じた。史実を宿すものに非ず、としたのである。けれども、シュリーマンの発掘は、ことの真相を明白にした。前一二七〇年に行われたトロヤ戦争の史実を、四～五〇〇年後の前八〇〇年頃、ホメロスが吟誦したものだったのである。その中の神話的部分(ギリシャ側とトロヤ側との神々の活躍)は、吟誦者たちによる「(聞き手に対する)興味深き付加」に基くものだったのである。

ここにおいても、右の「付加部分」の存在を名として、トロヤ戦争の史実性を疑おうとした、西欧古典学の研究思想の非、それがシュリーマンによって実証されることとなったのであった。

以上によって〝神秘的要素の指摘によって、全体の(あるいは、基礎史実の)信憑性を疑う〟という、往年の「啓蒙主義的研究思想の非」が、今や各面において明らかとされるに至ったことが知られよう。遺憾ながら氏は、戦前より戦後にかけて遂行された「上宮聖徳法王帝説」の研究以来、依拠してこられた研究思想の「一つの柱」たる、この「啓蒙主義的歴史観」をいまだ脱しておられないこと、それをわたしは深く遺憾とする。

氏が〝決め手〟のごとく提示された「慧慈伝説」の吟味において、この点、もっとも顕著である。

慧慈は、太子にとって〝無二の師〟であった。仏法をすべて伝授し終えて故国(高麗)に帰った。そして太子の没せる報に接して、大いに悲しみ、明年の同月同日(推古三十年二月五日)みずからも死すべきを予告し、その通りに没した。

右が伝説の大要である。この伝説成立の事情について、次の四つのケースが考えられる。

〈その一〉 両人の没月日が(一年ちがいで)偶然同じだったため、この伝説が産み出された。

〈その二〉 太子の没年月日(推古二十九年二月五日)に合わせて、慧慈の没時を「明年の同月同日」と〝架構〟した。

〈その三〉 慧慈の没年月日(推古三十年二月五日)に合わせて、太子の没時を「前年の同月同日」と架構した。

〈その四〉 両人の没年月日とも、全く空想的に創作し、架構した。

右のケースを吟味してみよう。

〈その一〉の場合、太子の没年月日は、書紀の記述通りとなろう。

〈その二〉の場合も、太子の没年月日については、記述通りである。

〈その三〉この場合は、次のような状況において生ずるものと思われる。

〈A〉太子の没年月日は「不明」であった。

〈B〉慧慈の没年月日は（大和中心の人々にとって）明確であり、動かしえなかった。

けだし、このケースはありがたいもの、とわたしには思われる。なぜなら、太子の没地は大和、慧慈の没地は高麗である。大和の人々（書紀の編者及び読者たち）にとって、前者より後者が明確、などということは到底考えられぬからである。その上、氏は、同じ日本の中ですら「百年の伝達はむつかしい。」と称されるのであるから、まして「外国（高麗）〜大和の間」の「百年の伝達」が〃明確だった〃などとは、よもや主張されることはないであろう。よって、このケースも、成立不可能である。

〈その四〉氏がこのケースを主張されるなら、それこそ前述の「啓蒙主義的研究思想」というイデオロギー、すでに研究史上、幾たびも「非」とされた、あの旧思想にのみ依拠された主張たるにすぎぬこととなろう。以上である。

思うに氏が、なお「然らず」といわれるならば、少くとも〃実証〃すべきは、次の諸点であろう。

（イ）慧慈の正しい「没年月日」を金石文等の第一史料で実証されること。

（ロ）それが八世紀初頭（書紀成立時）の大和において「明確」に「流布」していたことを実証されること。

それなしに、いたずらに「太子、没年月日『造作』説」を主張されるならば、その立論は実証に非ず、啓蒙主義の観念に依拠するもの、そのように評されざるをえないであろう。

〔さらに、次の局面が存する。氏の場合、

①太子の正しい「没年月日」は「推古三十年二月二十二日」である。

②しかるに、「慧慈伝説」によって、「慧慈の没年月日」に合せて、太子の「没年月日を「前年（推古二十九年）二月五日」へと変改した。

という趣旨にならざるをえないように思われるが、そのさい、次の疑問が生じよう。

「それほど、両人の没年月日が明確であったのなら、なぜ、『太子の没年月日』の『二月二十二日』を基準として、慧慈のそれを変改せず、逆に、『慧慈の没年月日』を基準として、太子のそれを変改し、合わせたのか。」

わたしには、右のような「慧慈没年月日中心主義」のケースの存在、そしてその理由を〃考える〃ことが不可能なのである。なぜなら、書紀は、高麗の慧慈の周りの人々に〃読ませる〃ために書かれた史書ではない。太子への心酔者をふくむ、大和とその周辺の人々を読者として書かれた史書であること、この上なく明白なことだからである。

以上によって氏が、この「慧慈説話」をもととして、「太子の没年月日の信頼性を疑わせるに十分である。」とされた断案の、精思すれば、意外に根拠なきことが知られよう。」

〈その七〉次は、推古紀の造仏舎、神祀祭拝記事の問題である。氏は各年時別に記された、これらの記事の信憑性を疑われた。これらは、あるいは推古朝の一般的仏教政策を、あるいは一般の民族的拝祭の風習を、各年時に割りふったものにすぎぬ、とされるのである。その上で、「このように推古紀の記事に陳述史料として信用しがたいものの多いことから考えて、太子の没年月日についても、私は推古紀のそれよりも法隆寺釈迦像銘と天寿国繡帳銘のそれのほうが正しいと考えざるをえない。」と言われた。これに対し、再吟味しよう。

第一、書紀の年時が、「当年時」のものかどうか、そのままでは〃信憑〃しがたい点、何も「推古紀」のみに限ったことではない。

第二、それどころか、書紀の記事が「他王朝（九州王朝や中国）」の史料を「借用」乃至「盗用」したケースの少くないこと、すでにわたしの論じたごとくである。たとえば、景行紀の「九州大遠征譚」や雄略紀の「雄略遺詔」等である（後者の問題は、先述のように、氏の私信中の、今回省略された「他の半分」中にふくまれている）。

第三、しかしながら、これらを「名」として、太子の「没年月日」を疑うべき〃権限〃が研究者側に対して〃自由〃に与えらるべきでないこと、いうまでもない。

第四、その点、氏が根拠として挙げられた二つの事例は、全く適切ではない。なぜならこの「釈迦三尊銘文」や「天寿国繡帳」が「太子に関する金石文」と〃信じて〃いる研究者、いいかえれば、氏と「同じ土俵」の、近畿天皇家一元主義の史観に立つ人々との間の論争においては、氏のこの行文は〃説得力〃と〃論理性〃をもつであろう。けれども、今は非である。わたしにとって「釈迦三尊銘文は太子に関係せず」「天寿国繡帳は（少くとも現存形に関しては）太子没年当時の製作に非ず」という立場こそ、今までにも主張し、本稿でも帰結せんとしている立場そのものなのであるから、これを「無視」し、自家の「主張」をもって〃既定の前提〃視したような行文は、少くとも論争相手たるわたしに向って〃書かるべき〃内容ではない。それが論争行文上のルールではあるまいか。当の相手を説得し、論破すべき論理性をもたないからである（この点、右の第二のケースも、同類の問題性をもつ。しかしながら、第三の帰結に至るには、第一の前提からで十分である上、この第二点問題にも、やがて氏と公開論争を望むこと、先述のごとくである。）

第五、この問題にとって重要なポイント、それは次の一点にあろう。〃日本書紀が近畿天皇家の「正史」である以上、その編成における「変改」作業は「近畿天皇家にとっての利害」に立って行われている。〃このように考えるのが、根本の筋道。わたしにはそのように思われる。

それゆえ、この「太子の没年月日」問題についても、右のような立場からの「変改」の存したことを的確に立証されざる限り、容易にこれをうけいれること、厳格なる史料批判の立場よりする以上、不可能なのである。

すなわち、書紀の編者が「無目的」に、「恣意的」な〝変改マニア〟であった、などと信ずることはできぬ。必ず、「有目的」の、「故意」の変改、いうなれば、彼等が、「変改」する場合ありとせば、それは必ずしかるべき〝必要〟あってのこと、だったのである。

このような見地からすれば、漠然たる「書紀年時等不信論」から、直ちに「太子没年月日疑惑論」へと飛躍される氏の論法は、ここでもあまりにも安易、といわざるをえぬを遺憾とする。

二

(二)「人物比定」問題

問題の「法隆寺の釈迦三像銘文」(以下、像銘と略記する)が果して太子に関する記載か否か。この論証の成否の鍵は、ここに出現する中心の三者(「鬼前大后」「上宮法皇」「(干食)王后」)の人名比定にあること、当然である。以下、氏の論述の順に従って吟味しよう。

〈その一〉「鬼前大后」。氏は「皇后」と書いておられるが、これは「大后」のミスであろう。〝天子の母〟の意である(古田のⒷ著、参照)。これについて氏は「『鬼前』のように説明のつかない文字もあるが、」と記しておられる。これは重要だ。なぜなら、〝ワン・セット三人〟のうち、すでに三分の一に当る、その筆頭について、説明を放棄する、との表明だからである。要するに、「近畿天皇家史観からは、説明不能」との〝告白〟なのである。

〈その二〉「干食王后」。氏は、上宮記逸文等によって「膳=食」の等式を見出した上、「干」に〝あずかる〟の意あることから、「干食」を〝カシハデ〟と読むことに「少しも不自然はない。」と主張しておられる。しかし、なぜ〃膳にあずかる〃の意だから「かしはで」となるのか、わたしには極めて分りにくい。

書紀によれば、太子に「嫁」した女性、いわば〃正妃〃とされているのは、菟道貝鮹皇女である。

(敏達五年春三月)詔立二豊御食炊屋姫尊一為二皇后一。是生二二男五女一。其一曰二菟道貝鮹皇女一。(更名、菟道磯津貝皇女也。)是嫁二於東宮聖徳一。

——敏達紀

彼女は敏達天皇を父とし、推古天皇(豊御食炊屋姫尊)を母としているから、聖徳太子の、まさに「正妃」たるにふさわしい。太子が推古天皇の摂政となりえたのも、この「婚姻関係」を抜きにしては考えがたいであろう。推古天皇が諸皇子の中で、ことに太子に着目したのは、(その個人的資質もさることながら)この一点に大きな重点がある。そのように考えても、おそらく大過はないであろう。そして書紀による限り、この「正妃」が没し、他の「正妃」に交替した気配はない。

さて、書紀に記さざる、他の三妃は左のようである。(上宮記、法王帝説による。)

第二妃——膳部加多夫古臣の女、菩岐々美郎女。

第三妃——蘇我馬子の女、刀自古郎女。(山背大兄王の母)

第四妃——尾治王の女、位奈部橘王

右の各妃は、出自上から見れば、権勢において第三妃、身分において第四妃のすぐれていること、坂本太郎氏も『聖徳太子』(人物叢書、吉川弘文館)で説かれた通りである。

ところが、それら三妃(正妃、第三、四妃)をさしおいて、もっとも身分と権勢の劣る第二妃をもって、あたかも「唯一の王后」であるかのごとく、この「像銘」が刻したとすれば、わたしには不可解、これを解する術をもたないのである。

しかも、そのように〝傍若無人〟の刻文をもつ三尊像を、大和のさ中、法隆寺の「本尊」として、当初（焼失前）から置かれていた、などとは、わたしには一大奇怪事としか見えない。

要は、「干食」の二字に対して、何とか、辛うじて〝当て読み〟できるかに見えたのは、右の（もっとも弱小勢力の出身の）第二妃しかいなかった。――これがことの真相ではあるまいか。とても、氏のいわれるように、「少しも不自然ではない。」どころか、不自然極まる「人名比定」と、わたしには見えるのである。

その上、重要なのは、次の点である。右の三者の中心の「上宮法皇」が果して太子か否か。この「検査」のために必須の方法、それは、この法皇と「ワン・セット」になっている、他の二者の「人名比定」だ。ところが、その二者のうち、一は辛うじて〝当て読み〟してみても、他の一（母）は、どうにもその方法がないのである。ただ、太子の母たる「穴太部間人王」に当るはずと見なすにすぎぬ。それゆえ二の中、一は非、一は〝強引な当て読み〟にすぎぬ。それなのに、どうしてこの〝ワン・セット〟の対応が成立した、などといえるのであろうか。

要するに氏の場合、すでに「上宮法皇＝太子」を既定の事実、疑うべからざる大前提とする者「同志」の間でこそ、「これこそベター」と称しうるものの、いったんその「大前提」としてきた「共通の土俵」をとりはらわれたが最後、とても、独立した、客観的な対応証明の態をなしていないのである。この点を率直に指摘させていただきたい。

㈢称号問題

〈その一〉氏は「嫡妻でない太子の妻を『后』と書くのは、古事記に倭建命の嫡妻でない弟橘比売を『后』としているのと同例である。」といっておられるけれど、原文（像銘）の「王后」を〝解体〟して、「后」だけとして処理しておられるのは、史料批判上の厳密性を欠くものである。なぜならⒷ著でのべたごとく、「王后」とは〝天子の后〟すなわち後世の〝皇后〟に当る術語であるから、この術語を「解体」して、〝王（太子）の后〟と解するのは不当である。これは「王師」（天子の軍）「王道」（天子の道）などを「解体」して、〝王（太子）の軍〟〝王（太子）の道〟などと解するのと同様である。この「王」が「天子」を意味する〝周代の用語〟である、という、「用語の歴史性」を無視するものなのである。この点、すでにⒷ著で指摘したところ。なぜ氏は、これを敢えて看過しようとされるのであろうか。

〈その二〉　次いで氏は、人名（固有名詞）について、「蘇我稲目＝巷奇伊奈米」「山代王＝山背王」といった事例を挙げた上、「同じ読みに異なる漢字を宛てた例が多いのを考えれば、『王后』をキサキと読むことは可能と思う。」と帰結しておられる。

しかし、右の事例は、〝（別字の）音読《おん》み〟〝訓《くん》読みと音読み〟〝（別字の）訓読み〟をしめすにすぎず、何の奇異もない。これに反し、右の帰結たる「王后＝キサキ」の場合は全く意義を異にする。先述のように〝天子の后〟の意の術話たる「王后」に対し、「キサキ」と読んで〝太子の第二夫人〟の意に〝変えよう〟とされるのである。先の事例が、何等「実体の変更」をふくまなかったのと、全く意義を異にする。用例が別物なのである。

もしこのような手法が許されるのなら、「天子」や「天皇」に「ミコ」と訓をつけておいて、〝皇子〟の意と称しても、何等さしつかえないこととなろう。とすれば、「皇子」でも、「ヒメ」と訓をつければ、〝女性〟と化してしまいうることとなろう。氏はこのような手法を許容されるのであろうか。信じがたい。

このさい、一個の注目すべき「盲点」が存する。『上宮聖徳法王帝説』（以下、『帝説』と略記する。）中の「像銘」の場合、原本（法隆寺に現存する、現像銘）の「上宮法皇」を（故意か偶然か）「上宮法王」と誤写していた。ために、これにつづく「王后」を「王の后」のごとく〝解しやすかった〟のである。

けれども、実際の原本は「法皇」である。とすると、これにつづく「王后」を「王（太子）の后」といった風に〝解しにくい〟。そういう様相を呈していたのである。この点、氏は意外にも、〝意に介して〟おられないように見える。「法皇の妻」たる「王后」とはやはりこの術語本来の意義としての〝天子の正規の妻〟の意と解するほか、道はないのである。

以上を要するに、「同訓別字」や「同音別字」の類と、〝称号の読み変え〟とは、全くその意義を異にする。氏はこの基本ルールを易々として〝乗り越え〟られた。思うに、国学者たる本居宣長流の「漢字は借り物」とする、ルーズな読法、その宿痾《あ》の中に今なお安住しておられるのではあるまいか。

〈その三〉氏が新たに挙例されたのは、万葉集巻二（一九九）の人麿作歌である。確かにそこでは、

①八隅知之　吾大王乃　所聞見為（やすみしし　わご大君の　きこしめす）

②八隅知之　吾大王之　天下　申賜者（やすみしし　わご大王《おほきみ》の　天の下　申し給へば）、

③吾大王　皇子之御門乎（わご　大王　皇子の御門を）

④吾大王之　万代跡（わご大王の　万代と）

〈読みは、岩波本『万葉集一』一〇九～一一三頁〉

右の四項について、岩波本（高木市之助・五味智英・大野晋、校注）では、それぞれ

①天武天皇

②高市皇子

③高市皇子

④高市皇子

と解しているようである（同書、一一〇～一一一頁頭注、参照）。

　氏はおそらく、このような「解釈」に従って、

「天武天皇と高市皇子とをそれぞれ同じ『大王』と表記しており、」

と断ぜられたのであろう。けれども、このような「解釈」は、決して〃安定した通解〃と称しうるものではない。

たとえば、②について、斉藤茂吉は次のようにいっている。

「天皇（持統）の治め給ふ天下の政をば、高市皇子が執奏し給へばの意。申賜（マヲシタマフ）といふのは天皇に奏上することで、此処ではつまり、皇子が政を執りたまふことである。（中略）ただ、此処の、『吾大王』をどう解するかといふに二つの説がある。第一は持統天皇を申奉るといふ説（代匠記・考・童蒙抄・略解・古義・攷証・美夫君忘等）で、第二は、高市皇子を申奉るといふ説（古事記伝・註疏・新考・講義・新解・新釈・全釈・新講等）である。

〔第一説〕の契沖は、『神ノマニハ、帝ヲ云事サキノ如シ。是ハ先帝ヲ申奉テ、下ノ八隅シシ吾大君ハ、当帝ニワタレリ。天下申賜ヘバトハ、第五第十九ニモ此詞アリ、事ヲ奏シテ勅ヲウケテヨキニ執行ナフヲ云』（代匠記精）と云っている。当帝とは即ち持統天皇を指し奉る。なほ真淵は、『天皇の敷座ノ天下の大政を、高市皇子の執申《トリ》し給へばといふ也。此あたりはことば多く略きつ』（考）と云って居り、『このあたりはことば多く略きつ』と云ったのは流石に鋭敏である。（中略）

　右に反して、〔第二説〕は、宣長の古事記伝に、『此オホキミは高市皇子尊を申せり』と云ふのを始め、（下略）」

（『柿本人麿、二』六八二～六八四頁）

右で判明するように、この②を「持統天皇」と解するのが、契沖、真淵から茂吉に至る流れであり、これを「高市皇子」と解するのが、宣長から岩波本の校注者に至る流れである。

同じく、③④についても、万葉研究史上、諸説があること、当然であり、今は省略に従う。

わたしの立場は、簡明である。この長歌の表題が

高市皇子尊城上殯宮之時、柿本朝臣人麿作歌一首并短歌

とあり、巻一（三六）には

幸二于吉野宮一之時、柿本朝臣人麿作歌

八隅知之　吾大王之　所聞食　天下尒（やすみしし　わが大君の　聞し食《め》す　天の下に）

とあって、それぞれ

皇子尊――高市皇子

吾大王――天皇（持統か）

と、表記を〝使い分け〟ているから、今問題の巻二（一九九）の場合も、

①吾大王（天武か）

②吾大王（持統）

③吾大王（持統）――皇子（高市）

④吾大王（持統）

という理解が正当と考える。（この点、茂吉は必ずしも一貫していない。）この問題については、なお他の諸例と共に詳論すべきであるけれども、紙幅が多きに過ぎるので、他の機会を待ちたい。

要は、㈠「解釈」は、多様に存し、必ずしも、一定していないこと。㈡しかるに氏は、その一方（宣長〜岩波本校注者）の「解釈」を〃定説〃のごとく「権威化」し、それをもととして論断されたこと。この二点を確認すれば、足りよう。〃安定していない議論〃を、あたかも〃安定したかのごとく〃扱われたこと、客観的なるべき歴史学研究者としてその手法の、当をえていないこと、疑うべくもないであろう。

従って右のごとく〃主観的〃〃一方的〃な根拠に立って「『王后』を皇后の意義のみに解しなくてもよいのではないか。」とされた推断の、失当であること、遺憾ながらわたしには疑うことができないのである。

〈その四〉「倭武天皇」問題。氏は、私信において、この常陸風土記の著名の表記をとりあげ、皇子（倭建命）を「天皇」としるした〃好適例〃のごとく取り扱われたのであったけれども、これに対してわたしは、その、いわゆる「定論」の非をのべた。しかも、それは氏が批評の対象とされた、Ⓑ著に明記された、わたしの立場だったのである。

そこで今回、氏は、「大和朝廷が天皇と公認していない人物を『天皇』と書き、それを朝廷に献じているのを見ても」と〃書き改め〃られ、同じき結論を求めて、

「『皇』という文字を天皇でない聖徳太子に流用することも、それほど不可解とはいえない。」

とされたのである。このような氏の〃新しき挙証〃は、果して正当であろうか。

先ず、わたしの「倭武天皇」論を簡約しておきたい。（「倭武」と略記する。）

第一、古事記の「倭建命」と日本書記の「日本武尊」との行動範囲は全く異る。前者は、千葉県どまり、後者は東北方面まで進出している。これは、景行天皇について、㈠九州遠征なし（記）。㈡九州大遠征あり（紀）。の別があり、前者が原形、後者が改増形（筑紫の王者の九州一円征服譚の「盗用」）であった（古田『盗まれた神話』参照）

のと同じく、前者（記）が原形、後者（紀）が改増形である。

第二、「倭建命」（記）と「倭武天皇」（常陸風土記）の行動の軌跡は、全く異っていいる。ことにその妃、「弟橘比売命」（記）と「大橘比売命」（常陸風土記）とのちがいは大きい。前者は浦賀水道に没し、後者は常陸を周遊しているからである。結局、「倭建命」と「倭武」は、別人と断ぜざるをえない。

第三、「大橘比売命」は「倭」から来た、と書かれているが、記・紀において、これに該当する人物はない。

第四、歴史上、「倭」には二義あり、一は「チクシ」、一は「ヤマト」を意味する。前者は「六七〇」以前、後者はそれ以降の用法である（記・紀・万葉は、後者に依拠）。（この点、「日本国の創建」『よみがえる卑弥呼』所収に詳述、参照）

第五、従って「倭武天皇」の「倭」は、「チクシ」の意と解せざるをえない。すなわち、五世紀末葉の「倭王武」として知られた九州の王者である。（この点、『失われた九州王朝』参照）

第六、「天皇」の称号も、すでに九州王朝において（近畿天皇家に先立ち）、用いられていた。（「日本天皇及太子、皇子俱崩薨」問題、右著参照）

第七、常陸には、虎塚古墳等、九州の装飾古墳の伝播、影響が顕著である。

以上である。また「風土記」のもつ性格について、次の二群に分れる。

〈A〉各地独自の（記、紀とは別系統の）神話、説話等を記載したもの（を主とする）。――出雲風土記・常陸風土記・播磨風土記等。

〈B〉記、紀の記述を「補完」する性格のもの。――豊後、肥前風土記等。

氏のあげられた事例は、〈A群〉に属し、九州王朝の王者（本来の「天皇」）を「天皇」と記したものであり、その点、もっとも「正確な称号」なのである。

しかるにこれに対し、あたかも〝あいまいな〟事例、正規ならざる「流用」例の存する証拠のごとく論ぜられること、わたしの目からは、史料処理上「不審」といわざるをえないのである。いかに氏が「近畿天皇家一元主義者の目」をもって史料を見ておられるか、歴然たるものがあろう。「大和朝廷が天皇と公認していない人物を『天皇』と書き」といった氏の筆致の中には、「『天皇』を公認しうるのは、大和朝廷のみ」といった〝菊の基準尺〟の臭味を感ずる、といったら、果して過辞となるであろうか。それはともあれ、大和朝廷が「公認」しようとしまいと、日本列島には、「大和朝廷以前」に「天皇」は実在した。歴史的存在であった。——これがわたしの立場である。

従ってこのような挙例によって、氏が、『皇』という文字を天皇でない聖徳太子に『流用する』ことを認めろ」といわれても、わたしとしては、学問に忠実なる限り、静かに首を横に振る以外に、道はないのである。

〈その五〉「宇治天皇」「市辺之天皇命」(氏は「命」を脱せられた。)問題。前者は、応神天皇の皇子、菟道稚郎子、後者は、顕宗(弟)・仁賢(兄)両天皇の父、市辺押磐皇子(市辺之忍歯王)を指すもの、と思われる。播磨風土記の所出である。確かに、この両者は、古事記、日本書紀では「天皇」とされていないのである。この問題を検討しよう。

先ず、「宇治天皇」。記、紀は、この「皇子」について、次のように記している。
①故、(応神)天皇崩ずるの後、大雀命は、天皇の命に従い、天下を以て宇遅能和紀郎子に譲る。(応神記)
②(応神)天皇、常に菟道稚郎子を立て、太子と為すの情有り。……(中略)……甲子、菟道稚郎子を立てて嗣と為す。(応神紀)

すなわち、記・紀いずれによっても、この「皇子」が「天皇」として即位したことを記録している。すなわち、歴史上の事実としては、この「皇子」は「天皇在位時期」をもつ、「天皇」だったのである。

にもかかわらず、記・紀ともに、これを「天皇」とし「列位」せしめないのは、なぜか。思うに、次の理由があろう。

第一、大雀命（仁徳天皇）は、菟道稚郎子の没後、その妹（同腹妹）の女鳥王を所望し、拒絶されたため、「反逆」を名として（恋人の速総別王と共に）殺戮した、という（仁徳記）。思うに、「天皇（菟道稚郎子）の近縁者を絶滅する」ことによって、己（仁徳天皇）の「天皇位」（当時は「天皇」とは呼ばれなかったであろうが）への即位を「必然化」あるいは「正当化」せんと欲したのであろう。

このような「仁徳天皇の利害」からすれば、実際は「天皇位」にあった菟道稚郎子を「天皇」と「列位」することは、いちじるしく不利と見なされたのであろう。然らざれば、多くの「兄達」を殺して「即位」した、仁徳天皇の方が、逆に「反逆・非法の即位者」と見えたのではあるまいか。よって、「実在した宇治天皇」は、「列位」から除かれたのである。

第二、このような「仁徳天皇の治世に『造作』された大義名分論」の公的立場を、日本書紀の編者は継承した。以上だ（この点、古田『古代は輝いていた』第二巻、参照）。

これに対し、当風土記は、本来の大義名分論、すなわち歴史上の事実にもとづいて記載し、「宇治天皇」と表記しているのである。「記紀」より古い伝承もしくは史料に依拠したもの、と思われる。

次に、「市辺之天皇命」。この場合は、右の「宇治天皇」の場合と異り、実際に「天皇位」についてはいない。では、なぜ、誰が、このような呼び方をしたのであろうか。

大長谷王子（雄略天皇）は、従兄弟の市辺之忍歯王に対し、突如、無法の殺戮を行い、かいば桶の類に入れて土に埋めた、という（安康記）。子の顕宗、仁賢は、播磨に身を逃れたあと、「天皇位」についたが、父の仇たる雄略天皇の屍に復讐しようとし（顕宗）、兄の仁賢がこれをとどめた挿話は著名である（顕宗記）。

これら兄弟にとって、父の忍歯王は、〃「天皇位」につくべかりし人であったのに、雄略天皇の「悪逆」によって、非命に斃れた人。〃と見えていたこと、察するに余りがあろう。従ってその父王に対し、「天皇命」という「追号」を奉っていた、としても、何等不思議はない。むしろ、自然なのである。（この点、家永氏は「看過」せられているが、「天皇」ではなく、「天皇命」という、一種異様な「称号」の形をとっていること、特に注意せられねばならぬ。）すなわち、これも、記・紀とは異るものの、むしろ、記・紀の伝えざる〃原形式〃、いいかえれば、顕宗、仁賢時点における、〃追慕のための異例称号〃と見える形が、ここに現われているのである。

以上にしめされたように、これらの一見「異例」の「天皇」乃至「天皇命」の称号は、その実、記・紀に伝える記事内容と深い契合を有する。しかも、〃より原初的な、本来形〃であるという可能性をもつ。この点、播磨風土記は、先の二つのタイプ（二群）のうち、A群に属する各地伝承（伊和大神等）を多く含むと共に、天皇家伝承自身についてすら記・紀とは別種の、〃より原初的〃と見える称号・説話をふくんでいるのである。この点、顕宗・仁賢が「播磨」の地に逃れ住んでいたという、そのことと、何等かの関係があるのかもしれぬ。（当風土記内の各地伝承のもつ、重要な史的性格については、別に論証する。）

ともあれ、右の論述のように、当風土記内の「天皇」「天皇命」の表記は、それぞれ深い史的縁由をもつものであり、これを漫然と〃記・紀で「天皇」とされていないものも、勝手に「天皇」と称しうる。〃といった一般的、かつ、ルーズな「命題」へと読み変えた上、それをもって、「倭建命もまた、（いかに記、紀で『天皇』扱いされていなくても）『天皇』的表記をなしうる」証拠のごとく称されるのは、きわめたる非理、あまりにもルーズの論法といわねばならぬ。なぜなら、播磨風土記は、決して「あらゆる皇子を『天皇』と記し、また『天皇命』と称している」わけではない。きわめて、特種な条件上の、特定の人物にのみこれを用い、それがその人々の歴史的伝承及びその生活をしめす説話と、よく一致・対応していること、右にしめしたごとくだからである。

三

(四)「新羅、聖徳王銘文」問題

新たに、わたしは、この「法隆寺の釈迦三尊銘文」を解読する上で、重要な対照史料を提出したい。それは、「皇福寺塔銅函銘」（新羅七〇六、国立中央博物館蔵、韓国）である。

一九四二年、慶州の皇福寺址で、「慶州九黄里三層石塔」（国宝三七号）を補修するとき、第二層の屋蓋石から銅函が発見された。その銅函に刻まれた銘文である。これは聖徳王（在位七〇二～七三七）が父である神文王（在位六八一～六九二）と母の神穆太后、そして兄の孝照王（在位六九二～七〇二）の冥福を祈るため、孝昭王が建てた三層石塔内に納入された銅函内の銅板に刻んだものである。（『書芸・典籍』千恵鳳編著、芸耕産業社、一九八五年六月刊、所収）

ここには、次のような称号が現われている。

(A)神睦大后（三回）〈聖徳王の母〉
(B)孝照大王（三回）
今主大王〈＝聖徳王〉——各代

神文（大）王
隆基大王　――新羅王
Ⓒ王后〈聖徳王の妻〉

右で注目すべきは、左の二点である。

第一、新羅王を「大王」と呼び、その「大王の母」を「大后」、「大王の妻」を「王后」と表記している点、わたしがⒷ書でのべた中国における「天子の母」を「大后」、「天子の妻」を「王后」と表記する、あの表記法と同一。「天子」に代るに「大王」であるにすぎぬ。これが、東アジア通有の表記法である。

それゆえ、今問題の「法隆寺の釈迦三尊銘文」の場合も、「上宮法皇」は「倭（俀）国王（天子）」、「大后」は「倭王の母」、「王后」は「倭王の妻」という位取りで理解せねばならぬ。これに対し、「他国（中国や新羅）はともあれ、我が大和朝廷では、『太子』や『太子の母』『太子の妻』でいいのだ」などと氏がいわれるとしたら、まさに「我田引水」にして「井の中の蛙」式読解法といわねばならぬ。

第二、意外な新局面がある。右の「王后」の個所は、

呈祥　王后躰……

という形で、一字分「欠字」（尊敬のための構文）をしているから、この「王后」が〝無名称〟であることは、疑いえない。この点、実は先例がある。

丙午年十二月百済国王大妃寿
終居喪在酉地己酉年二月癸
未朔十二日甲午改葬還大墓立

志如左

右は、百済の武寧王陵出土の買地券（王妃）である。王の場合、「寧車大将軍百済斯麻王……」と書かれていることは著名であるが、これに対し、王妃の場合、「百済国王大妃」とのみあって、「実名」を記さないのである。先の〝新羅王の「王后」〟の場合と同一なのである。一方（百済王）は六世紀前半、他方（新羅王）は八世紀初頭、その間に一貫する筆法と見なしえよう。これは現今の日本でも、書状のあて名で、〝当主〟のみ実名を記し、その夫人には「奥様」とのみ書いて実名を記さないことの多いこと、これに相通ずる〝慣例〟であろう。

このような、少くとも、六〜八世紀の東アジア金石文上の通軌たる「王の妻は、実名抜き」の慣例から見ると、七世紀の「法隆寺の釈迦三尊銘文」の場合も、〝同じく解すべし。〟——この要請である

明年正月廿二日上宮法皇枕病弗悆干食王后仍以労疾……

右の傍点部について、「食に悆《よ》からず（弗）」と読まれたことがあった。この際「弗悆于食」と「于」（置字）でなければならないけれど、金石文では明白に「干」であって、「于」ではない。

実はこの点、意外な「引用、原詩」の存在が見出された。

㈠悆（よろこぶ）。豫に通ず。

〔説文〕悆、周書曰、有レ疾不レ悆、悆、喜也。

㈡不豫

①心に悦ばぬ、楽しまぬ。

②天子の病気をいふ

王有レ病弗レ豫。〈書経、金縢〉

王有レ疾不レ豫。（王は、武王）〈史記、魯世家〉

天子不レ豫。〈漢書、五行志〉

㈢「干……食」

疾高難二下治一、〈王羲之『問慰諸帖』「干嘔」は、〃吐く物がなくて吐気を催すこと。〃〉

食不レ可レ強、

干嘔転劇、

胸中淡悶、

右でしめされているように、「不悆」は「不豫」と同じく、〃心によろこばぬ〃意であると共に、「天子の病気」を指して用いるのが慣例となっている。たとえば、〃天子の死〃をしめすのに、「登遐」のような特殊の表現が用いられるのと同様、〃天子の病〃をしめす、特殊用語なのである。

さて、問題は「干食」である。王羲之の右の詩では、「下治し難し。」という、悪質、かつ末期症状的な病気についてのべられている。そこで「干……、食……、」という章句が認められる。この章句を〃引用〃し、〃暗示〃している構文、それがこの「法隆寺の釈迦三尊銘文」なのではあるまいか。すなわち、今や「上宮法皇の病」は、「疾高くして下治し難し。」の状況にたち至った、との意である。この銘文の思想的、教養的背景は、王羲之の詩にあったのである。羲之は、東晋の元帝（三一七〜三二二）の頃の人である上、著名の書家であるから、七世紀銘文の作者の教養を支配していたこと、何等、年代上の無理はない。

枕草子で、清少納言が「香爐峯の雪はいかに。」という中宮定子の言に答えて、すだれをあげさせた、有名な逸話がある。白楽天の詩を教養の基礎としているのである。

親鸞も、主著『教行信証』の後序で、

尒者・已非僧非俗。（しかれば、すでに僧に非ず、俗に非ず。）

と述べているが、これは白楽天の

非道・非僧・非俗の吏。（『池上間吟』）

を背景にした文章である。また

坐二諸方辺州一経二五年居諸一。（諸方の辺州に坐して五年の居諸を経たりき。）

の一文は、同じく白楽天の詩

恩光未二報答一（恩光、未だ報答せず。）

日月空居諸（日月、空しく居諸。）

の〝引用〟にして〝暗示〟なのである。すなわち、親鸞は「法然聖人の教えに報答しないままに、空しく五年の歳月を経た」の意を表現していたのである。（この点、古田『親鸞――人と思想――』清水書院及び『親鸞思想――その史料批判』冨山房、二一四～三〇頁参照）

以上のように、日本側の構文において、中国側の有名な詩句を背景におくこと、その背景の詩句を「前提」にして、はじめてその構文の真義を明らかにしうること、およそ文章構成上、従って解読上の鍵（キイ）となるべき事情、周知のところである。この点、「法隆寺の釈迦三尊銘文」に関して、このような面からの研究があまりにも乏しかったのではあるまいか。

以上の見地にあやまりなし、とすれば、ここに果然、問題が生ずる。

家永氏のごとく、「干食王后」を固有名詞とし、「膳大刀自」（第二妃）に当て読みしてきたことの全く「非」であった事実が判明するのである。

とすれば、「上宮法皇」をめぐる「鬼前大后」と「王后」、その両者とも、聖徳太子との特別の関係をもたず、ことに明らかに固有名詞と思われる「鬼前大后」が、〝聖徳太子の母〟（穴太部間人王）と結びつくべき何等のよしもない、この一事が一段と鮮明になるに至ったのである。

この「皇福寺塔銅函銘」の存在については、すでに私信で、家永氏にお知らせしたけれども、何等、この点についての応答はなかった。今回、「王后」問題より、興味深い「干食」問題を発見するに至ったのであるから、是非、この問題について、氏の〝実証的〟な応答を詳細にお聞きしたい。（観念的な言葉の上の〝やりとり〟に終始したのでは、学問上生産的でないこと、氏も、十分御承知のところであろう。）

四

(五)「一屋無余」問題

この四字は、本論争の中の、一つのキイ・ポイントだ。わたしはこの一文から、「法隆寺の本来の本尊焼失」を読み取ったからである。これに対する、家永氏の反論を検証させていただこう。

〈その一〉「潤飾」説。先ず、氏はこの一文に対して「『一屋無余』は書紀編者の潤色ではないかと思っている。」と言われる。しかもその判断は、すでに一九三九年当時の所感に胚胎する、といっておられる。これは、喜田貞吉と足立康氏の「法隆寺再建論争」の特集号（『歴史地理』第七十三巻、第六号、昭和十四年五月刊）に寄せられた「諸家の感想」中の「日本書紀の修飾字句」と題する一文だ（二〇四頁参照）。そこで氏は

料金受取人払

本郷局承認

4035

差出有効期限
2007年12月
31日まで

郵便はがき

113-8790

377

東京都文京区本郷
2-5-12

〔受取人〕

新泉社

読者カード係　行

◆本書の発行を何でお知りになりましたか？

1.　新聞広告　　2.　雑誌広告　　3.　知人などの紹介
4.　小社の図書目録　　5.　書評　　6.　店頭で

◆本書に対するご批評・小社への企画のご希望など…

このカードをお送りくださったことは　ある　なし

★小社の図書目録を差上げますか　いる　いらない

本書名

購入書店名　　市区町村

ご購読の新聞雑誌名
新聞　　雑誌

あなたのご専門
または興味をお持ちの事柄

ご職業
または在校名　　年令　　才

〔郵便番号〕
ご住所

ご氏名
ふりがな

●このはがきをご利用になれば、より早く、より確実にご入手できると存じます。

購入申込書　お買いつけの小売書店名と　ご自宅の電話番号を必ずご記入下さい。
ご自宅〔TEL〕

〔書名〕　〔部数〕　部

ご指定書店名　　取次　　この欄は書店又は当社で記入します。

住所〔区・市・町・村名〕

この申込書は**書店経由**用です。ご自宅への直送は**前金**で送料一回分310円です。

「この法隆寺罹災記事にしても、問題の『一屋無余大雨雷震』の八字が、その原資料（恐らく膳氏家記、又はその原資料）に無い文字であることは、もはや今日異論の無い処と思ひますが……」

と言い、また

「『一屋無余大雨雷震』の八字が、天智六年紀の『天下百姓不願遷都、云々、日々夜々失火處多』や、十年紀の『大炊省鼎鳴』、其の他の類似の記事と同じく、近江政府の失政と、没落の前兆とに附会された、編者一流の造作の臭濃厚なこと、これらの点が一応取り上げられて然るべきでありませう。」

と述べておられる。もちろん、ここで氏は、「再建、非再建」のいずれかを直ちに断案されたわけではなく、「厳密な批判の関門」を通過すべきことを、要求せられたにすぎぬともいえよう。しかしながら、ここで言われた「批判」が、もっぱら、日本書紀の「本文批判」を意味していたことから分るように、非再建説の足立氏に対してではなく、特に再建説の喜田氏に対する「批判」の色合いの強い「感想」であったこと、今熟読してみて、疑いえないところである。この点、この小文が、

「単に五十年の目前の出来事云云、官撰の正史云云では如何と愚考する次第です。」

と結ばれている点からも、裏づけられる。なぜなら、右の「……云云」とされて、皮肉られ、批判されているのは、二つとも、喜田氏得意の論点だからである。すなわち、若き日の家永氏は、「非再建説」に対して好意的な「感想」を物されたのであった。

しかるに、その後の事実経過は、氏の「臆測」を裏切った。石田茂作氏による発掘は、喜田氏の再建説の正しかったことを証明したのである。これが研究史上の事実だ。

以上の事実にもかかわらず、今回、氏が〝自分は、以前から、この一文を疑ってきた。だから……〟といった

口吻で、自己の「本文批判」が、いかにも〃由緒深い〃ものであるかにのべておられるのは、不審だ。氏のなすべきことは、先ず「なぜ、自家の臆測がまちがったか。」この自己批判ではなかろうか。しかるに、氏の文面には、それが全く見られない。研究者の「誠実さ」の点において、不審とせざるをえぬを遺憾とする。

〈その二〉「寺名」問題。氏は、問題の「災法隆寺」(天智九年紀)の一段について、『法隆寺』という寺名が天智九年に存在したかどうかも疑わしい。」とし、その根拠を「定諸寺名」(天武八年紀)の一文に求めておられる。しかし、「定む」という表現は、〃従来、一定していなかった寺名を「一定」させた。〃の意であって、〃諸寺の名を、すべて「新しく呼称した」〃の意ではない。むしろ、通称・俗称・愛称等、複数もしくは多数あった「寺名」中、「公式の名称」を決定した、の意ではあるまいか。もちろん、「新称」のケースも、あってさしつかえはないものの、むしろ、その方が特殊例であろう。このように考えると、この一般的な「公式名称、決定」記事をもととして、〃この天武八年(六八〇)以前の、天智九年(六七〇)には、法隆寺の寺名はなかったはず。〃とされるのは、速断の観を免れない。氏は、「法隆寺というような法名が付せられたのは」という言い方で、〃いかめしい法名を付しうるのは、権力者(天皇家)のみ。〃という概念をふりかざしておられるように見える。しかし「法名」こそ、僧たち(寺側)の特技なのではあるまいか。それを「公認」したり、「一般化」(各寺を「法名」化する)したりするとき、権力の出番、そのように見なすのが至当。わたしにはそう思われる。氏の歴史観の底には、〃近畿天皇家のみが、漢字文化の公的配布者〃という先入観念(旧観念)が前提されている。そのように見えるのは、ひが目であろうか。

その上、もし氏の「推定」されたように、この時点(天智九年)において、いまだ「法隆寺」という寺名が存在しなかった、としよう。そのさいは、氏が「重ねて推定」されるように、この「一屋無余」をふくむ一文が、その〝信憑性を失う〟こととなるのであろうか。他の例によって検証しよう。

西方指南抄（高田専修寺蔵）は、親鸞の自筆本であるが、その中に七箇条起請文が書写されて収録されている。当文書には、元久元年十一月七日の年時のもと、「沙門源空」以下の連署があり、その中に「善信」の署名がある。ところが、当の原本（京都、二尊院蔵）と対比すると、そこには「僧綽空」と自署されている。すなわち、親鸞は晩年（康元六年、一二五六）これを書写するとき、後代自名たる「善信」で〝書き改めた〟ことが知られる。元久元年（一二〇四）当時は、もちろん「綽空」がその自名であった。以上は、家永氏も周知の史料事実だ。この意義を考えよう。

もし、今、二尊院の原本が失われていたとしよう。そのさい、書写本たる西方指南抄をもとにして、「元久元年当時、親鸞が『善信』の自名であったはずはない。だから、この『七箇条起請文』は信憑できぬ。」このように軽易に疑うことは、妥当であろうか。妥当でないことは、幸いに二尊院の原本が証明している。しかし、中沢見明の『史上之親鸞』はその種の軽易な疑いの手法を〝乱用〟した（もちろん、『七箇条起請文』に関しては、その限りではない）。けれども、そのような「軽易な疑いの手法」の妥当でなかったこと、その後の山田文昭氏等の再批判によって明白となった。それは、問題提起としては有効であったものの、結局「啓蒙主義的手法」にすぎなかったのであったのである。

この点、家永氏の疑いも、遺憾ながら、この種の「啓蒙主義的手法」を出ていないようである。なぜなら、もし「法隆寺」が「天智九年以後の成立」にかかる寺名であったとしたところで、それは〝後代寺名による「書き改め」〟にすぎず、何等（その事実の指摘によって）文面全体を疑う根拠になりえないこと、明白だからである。「二尊院原文——西方指南抄」の関係がそれを立証している。この著名の史料関係のしめす、研究上の意義を、家永氏が全く顧りみられなかったのは、親鸞研究を、その学的業蹟の一とされる氏であるだけに、不審にたえない。

〈その三〉「四字の意義」問題。これは、もっとも肝心の点だ。氏は次のように言われる。

「『一屋無余』が原史料にあったとしても、その四字は『一屋無余』以上の何事をも語っていない。屋内の仏像仏具や寺僧等に被害がどの程度あったかについては沈黙している。『本尊をはじめ』という意味がふくまれているとの主張は、傍証を書く（「欠く」の書きあやまり、か。古田）主観的判断とせざるを得ぬ。」

氏によれば、「一屋無余」は〝家屋が全部焼けた〟の意にすぎず、その家屋内の内蔵物（仏像・仏具等）は無事であってもいい。この表現は使いうる、こう言われるのである。（「寺僧」については、わたしも、含まれるとは考えていないので、除く。）本当にそうだろうか。氏は、「屋」を「家屋」という意味に（純粋に）解されたのであるけれど、「屋上、屋を架す」の熟語もあるように、「屋」には「屋根」の意もある。とすれば、氏のような流儀で「直訳」すれば、「一屋無余」は〝屋根だけが全部焼けた。仏像・仏具はもちろん、柱や床も全部残った。〟との意にさえ解しうることとなろう。が、もちろん、そんな〝解き方〟はナンセンスである。要は、〝口先きの理くつ〟でなく、実例、先例に拠る、これが文章解読上のルールであること、言うまでもない。これが氏の言われる、いわゆる「傍証」に当るものであろう。

実は、この「一……無し。」の文型は、現代中国文においても、基本文型の一をなしている。（簡化文字を日本の当用漢字で現わした。）

「一望無限」果てしがない。

「一無長物」わが身一つのほかは、なに一つない。

「一無可取」なんのとりえもない。

「一無是処」なにひとつ正しいところがない。悪いところばかり。

「一無所長」なにひとつ長所がない。

「一無所有」なにひとつ持っていない。一物だにない。

「一無所知」なにひとつ知らない。

（上野恵司編『現代中国語成語辞典』日外アソシエーツ刊）

以上のような成語群のしめすところ、「一……無し。」の文型のしめすところ、〃一切ない。なんにもない。〃というような、〃当の物以外は、あってもいい。〃という「全否定」を意味する慣用形であって、一種の「部分否定」の趣旨をしめす文型でないこと、明らかである。さらにこれを、古典の用例に見よう。

一舟之覆無㆓一物而不㆑沈。（一舟のくつがえる、一物として沈まざるなし。）

舟が覆れば、中の物は皆沈む。附属の物は皆其の主体に従ふ喩。（諸橋『大漢和辞典』巻一）

これは、瘐信（梁及び北周。六世紀前半）の「擬連珠」の一節である。

一馬之奔、無㆓一毛而不㆑動、一舟之覆、無㆓一物而不㆑沈。（一馬のはしる、一毛として動かざる無し。以下、同右。）

いずれも、「全体」（一馬・一舟）について、その部分たる「一毛」「一物」の指摘によって、その「全体が失われてしまった」ことをしめす、そういう用例の文型である。これに対して、もし、

〃馬の毛が動いたことを言っているだけで、馬全体については、何も語っていない。つまり、馬全体は全く動いていなくてもいい。〃

とか、

〃舟に載せられた物が沈んだことを言っているだけで、舟全体については、何も語っていない。つまり、舟全体は全く沈んでいなくてもいい。〃

などと解することができようか。全く不可能である。なぜなら、この文型は「一部分」を挙げて、「全体」が一切合切なくなった、そういう事態をしめすための、慣用文型だからである。

この点、今問題の文章も、この慣用文型の伝統に立つ。すなわち、「全体」が法隆寺、「部分」が「一屋」つまり「家屋」である。その「部分」を挙げて、「全体」たる法隆寺が、一切合切すっかり無くなった、その事態をしめすための文型なのである。

このような「傍証」どころか、「本証」から見れば、家永氏流の解釈〃焼けたのは、家屋だけ。それ以外は、沈黙している。〃といった解釈が、いかに文章表現の慣用文型を無視した「我田引水」のものであるか、あまりにも明白。失礼ながら、そう言わざるをえないのではあるまいか。

思うに、この法隆寺火災記事の意味するところは、

一屋無㆓余燼㆒。

の意ではあるまいか。「余燼」は〃もえのこり。やけのこり。もえさし、転じて物事ののこったもの。敗残の兵などの喩。〃（諸橋『大漢和辞典』）の意である。要するに、〃法隆寺は、火災で、丸焼け。一切合切、何一つなくなってしまった。〃その意味を現わす構文だったのである。

以上によって、家永氏の主張する根本点、その一が消え去ったことが知られよう。

なお氏が、後年の南都諸寺の焼亡にもかかわらず、「多くの八世紀の仏像が現存する事実」をあげて、自説をささえる「傍証」のごとく扱っておられるのは、わたしには、全く無意味としか見えない。なぜなら、わたしの

立説には「寺が焼けたら、必ず本尊も焼けるはず。」といった主張など、全く存在しないからである。出火に気づき、先ず、本尊等を運び出し、幸いにも、難を免れえた。そういうケースの少なからぬこと、当然ではないか。しかしまた、すべてのケースが、それに当る、と言いえないこともまた、当然だ。風の強さ、乾燥度、出火の発見の遅速、そういった諸要因によって、各種各様であること、論ずるまでもない。ただわたしは、天智九年紀の文章は、「法隆寺全焼」を強調した、印象的な慣用文型である、という、その一事をしめしたにすぎないのであるから。この点、氏の付言は、ここでもまた、全く無意義と言わざるをえぬを遺憾とする。

〈その四〉「町田鑑定」問題。家永氏は、町田甲一氏の所見を示し、法隆寺の焼亡のさいの「本尊救出」の推論として「きわめて説得的」と称しておられる。これを再検証してみよう。

先ず、氏の認定の「事実部分」は、左のようだ。

A「頂上の透かし彫りの宝塔部を破損し、また光背周縁の何体かの飛天をもそこなった」

B「透かし彫りの飛天は一体ものこらず失われている。蓮弁形の大光背の先端の部分にも、大きな損傷がみとめられる」

右の「事実認定」から、果して、「これは、法隆寺焼亡のさいのもの。」という、損傷の「原因認定」が導かれうるであろうか。いいかえれば、その両者の関係は必然性をもつであろうか。わたしは、わたしの理性による限り、全くその間に「必然性」は認めがたいのである。

なぜなら、

①この「飛天」や「大光背」に認められるのは、「損壊」であって「焼痕」ではない。従ってこの事実認識が「焼亡」に結び付くべき必然性は存在しない。

②またかりに「焼痕」があったとしても、それが「天智九年の法隆寺の焼亡」のさいのものかどうか、その因果関係は、厳密に言って「全く自明」とは、言いえないであろう。まして「焼痕」ならぬ「損壊」を、いきなり「天智九年の焼亡」に結び付けるのは、かなり重大な、「二重の飛躍」を犯している、といわざるをえない。

③では、なぜ、町田氏には、右のような「推論」が可能となったのであろうか。思うに

〈a〉法隆寺は天智九年に焼亡した。

〈b〉釈迦三尊は、聖徳太子の事蹟を銘文に記しているから、創建以来の「本尊」であろう。

〈c〉釈迦三尊には、「飛天」と「光背」に損壊のあとが認められる。

〈d〉それ故、右の「損壊」は、〈a〉のさいのものであろう。

以上だ。つまり、氏の〈d〉の推論は、〈a〉と〈b〉を「既定の事実」とした上で、成立しえたものであること、疑いがない。これに反し、〈b〉が前提命題として欠けた場合、到底〈d〉の帰結をうることができない。それが、先の「二重の飛躍」を生じた理由なのである。

言いかえれば、〈b〉を「共通の土俵」として認める者同志、たとえば「町田氏と家永氏との間」という、〃仲良し同志〃では、「きわめて説得的」であっても、その土俵を共有しない、「家永氏とわたしとの間」では、全く「説得力」をもたない。家永氏は、〃もち出す相手〃を間違えられたのではあるまいか。

また家永氏は、「他からトラブルなしに運び入れられたものであれば考えられない損傷」と言っておられるけれども、これも、わたしには全く〃解《げ》しがたい〃論法である。

なぜなら、他の領域（九州王朝の中枢部）から、その仏像を〃搬出〃しようとした場合、（これがわたしの立場である。）なぜこれが「トラブルなしに」搬出できた、と、氏は「想定」されるのであろう。まさか「日本人である以

上、天皇家の威令にさからう者あるべき道理なし。」といった、〝戦前的発想〟をわたしに押しつけようとされるはずはない、と思うけれど、どうだろう。その具体的状況は、もちろん知りえないけれど、「何等かのトラブルなしに」搬出できたケースこそ、むしろきわめて可能性は小、わたしにはそう思われるのである。

その上、客観的な条件としても、〝本尊の大きさと入口の大きさ〟との関係が問題である。「本尊」ともなれば、それが「安置」されてあと、建物全体（ことに入口）が完成する、といったケースもありうるから、そこから「搬出」しよう、という場合、「入口」や「建物条件」をこわさない限り、かなり「無理」が必要となろう。そのような、種々の状況をすべて敢然と「無視」し、「他からトラブルなしに運び入れられたものであれば」と、（焼亡以外の）すべてのケースを「一切、平穏・安全裏に実行」と「断定」される、その論断の〝粗漫〟と〝無神経さ〟に、わたしは当惑せざるをえぬを遺憾とする。

むしろ、事態は逆だ。もし「町田・家永想定」のような場合、

(イ)搬出者は、当然「飛天や光背の損壊」に気付いたはずである。

(ロ)従って新たな法隆寺が完成し、そこに再び「本尊」として「安置」する前に、それに対する「修復」を行うべきである。

(ハ)この「本尊」を作ったのが、法隆寺関係者であったとすれば、当然その技術者集団の後継者たちがいたはずであるから、右の「修復」は可能だったはずだ。

以上のように考えると、「未修復」のまま現存する、という状況は、かえって〝不自然〟の観がまぬがれない。

これに反し、他（九州王朝の領域）から「搬出」してきた、そのさいの「トラブル」（対人的、あるいは客観的なトラブル）によって「損壊」され、それが（各種の経過ののち）大和へもたらされた、という場合、

(イ)同一系列の技術者集団がいないこと。
(ロ)「損壊」前の〝原状〟に対する認識がない、もしくは乏しいこと。
この二点から、「未修復」のまま「安置」される可能性が大きいのである。

その上、見のがすべからざる一点がある。それは、他から運び込まれ、「完成後の、新法隆寺の金堂」内に「搬入」されるさい、生じた「損壊」である、という可能性もまた、無視しえないのである。

まさか家永氏は、〝「損壊」は、「搬出」のさいのみ生じ、「搬入」のさいは生じえない。〟などという主張に「固執」することはできないであろう。

以上を要約するに、
第一、「飛天や光背の損壊」が、「天智九年の焼亡」によるか否か、論定は不可能。わたしはこれをもって、もっとも客観的な結論と見なす。

第二、けれども、状況からの推定では、かえって「他からの搬入」説に、やや有利とさえ言いうる。ことに、「未修復」という現状のもつ意味を直視するとき、その観が深い。

以上だ。わたしがわたし自身の平明な理性を無視せざる限り、このように考えるほかはないのである。

問う。家永氏は、右を、いかにも「専門家の鑑定に従う」かのごとき口吻で持ち出されたけれど、氏は、裁判の場で、この程度の「鑑定」、事件との必然的関係なき「鑑定」に満足しておられるのであろうか。

たとえば、検察側が被告の有罪を立証しようとして、「専門家の鑑定」を提出する。それはそれとして、一応は「学術的な鑑定結果」であるかもしれぬ。しかし、問題の肝要をなす一点、それは、その「鑑定」が真に「被告の犯行」と、必然的な因果関係をもつか否か、この一点をおいてはないのではあるまいか。

「その火災のさい、被告は現場近くにいた。だから（その焼焦げ死体に対する犯行は）彼の行為と考えれば、一番ふさわしい。それに、彼は、指に怪我をしている。これも、その犯行時の『損壊』と考えれば、つじつまがあう。」

この程度の「証拠」で有罪にされた、とすれば。慄《りつ》然とせざるをえないのは、我々国民だ。少くとも、わたしは、自分の学問上の論証方法に関し、『松川事件』における広津和郎氏に学ぶところ、ことに深刻であったこと、それをすでに告白したことがある。（「直接証拠と間接証拠――好太王碑文《酒匂本》の来歴――後藤孝典氏に答える」『邪馬壹国の論理』所収）この点、今も、変りはない。

しかるに、家永氏は、そのさいの、一部の裁判官（田中耕太郎氏）と同じ、〝甘い状況証拠〟に依拠し、「必然の論理関係」を無視、乃至軽視する論法に頼っておられる。この一事にわたしは深い失望を禁じえないのである。

無論、「相手には、きびしい論理を要求し、自分には、甘い論理が許される。」などと言われるとは、わたしには思えない。とすれば、やはり、釈迦三尊の「損壊」をもって、「天智九年の焼亡のさいの搬出の証拠」と見なすような「甘い論法」は、キッパリと断念せらるべきである。わたしはそう信ずる。

〈その五〉「天智紀の信憑性」問題。氏は天智紀の信憑性を疑われる。

「天智紀は全体として史料の収集、信頼性、記事の配列が粗に流れ、きびしい批判が必要である。」

「大体日本書紀のなかで宮廷の記録を主として説話に流れていないのは、天武・持統紀の三巻のみで、それより前の紀の記事は疑ってかかるのが安全であろう。」

これは、氏の基本的な書紀観のようである。すでに一九三九年、先に挙げた「再建・非再建説」に対する、若き日の氏の「感想」の中に

「先づ日本書紀の法隆寺羅災記事といふものに、今少し考慮せらるべき問題が潜んでいる様に思われます。一口

に日本書紀と申しましても、天武・持統紀三巻と、天智紀以前とでは、全然文献の性質を異にしていることは看過せらるべきでありません。」

とあって、同じ思考方式が表明せられている。そしてこの思考方式の上に立って「喜田の再建説批判」向きの感想をのべられたのである。

しかるに、この後、氏の「推測」は裏切られ、「非再建説」は非、「再建説」が是であることが判明した。にもかかわらず、この「重大な研究経験」あるいは「発言責任」を一切かえり見ず、漫然と五十年前と同じ発言をくりかえしておられるのを見て、わたしとしては唖然《あぜん》たらざるをえない。もちろん、全体としての歴史観を変更する必要こそなけれ、喜田氏が「天智九年項の法隆寺被災記事」を、ほとんど唯一の、あるいは最大の根拠として「再建説」を唱えたのに対し、若き文献学者として〝冷水を浴びせ〟かけたことの、なぜ裏切られたか、その自己批判欠如の不当であること、先述のごとくである。少くとも、氏は、もし石田茂作氏の発掘によって「非再建」の事実が確認されたとすれば、「自家の先験の明」に自信を深められたであろう。「天智九年記事は、やはり信憑すべきではなかった。」こととなったからである。

だが、冷厳な事実は、逆であった。この「逆の事実」から、氏が多くのものを汲み取った形跡がなく、あたかも〝五十年間、時計が止まったまま〟のごとく、旧言をくりかえされるのを見れば、わたしがそこに一種の「学的怠慢」を見出したとしても、果して不当であろうか。

次に、わたしの立場をのべよう。氏によれば、「天武・持統紀〈上・下巻〉」の三巻は、〝疑わなくても、安全。〟それより前は、〝疑ってかかるのが安全。〟というのであるけれど、わたしの立場は、これに反する。

なぜなら、氏の立場では、「天武・持統紀」の場合は、七世紀末葉の日本列島の歴史事実が反映している、というわけだが、わたしの立場では、この期間、いまだに「九州年号」は存続し、「九州王朝」は存在しつづけているはずだからである。しかるに、その「存在」を無視し、敢えて〝消し去った〟ままの「天武・持統三巻」が〝信憑できる〟はずはない。それを〝信憑できる〟と、氏が言われるのは、氏自身が「近畿天皇家一元主義」「天皇中心主義」の史観、そのイデオロギーの保持者であることの自己告白にすぎず、何等、わたしに対して「説得力」をもつ断案ではない。従って氏が〝自分は、天武・持統三巻しか信憑しない。しかるに、それより前の天智紀の記事を信憑する論者（たとえば、古田）の方法は甘い。〟といった口吻の文章をつづっておられるのは、いわば〝お門《かど》ちがい〟だ。わたしは家永氏と異り、最後の三巻をも〝疑ってかかるのが安全〟だ、と考えている。その点、氏の認識は「甘い」のである。

しかしながら、それは、「近畿天皇家の利害」に関しての問題である。日本書紀が「近畿天皇家の正史」である限り、近畿天皇家中心のイデオロギーの視点から、あるいは「取捨」、あるいは「偽入」、あるいは「合成」されている。その点を問題にしているのだ。

これに反し、ただやみくもに、手当り次第に「うそ」を書く。「いつわり」をまき散らす。書紀が、そんな書物であるとは、わたしには信ずることができない。〝虚言症の集団が歴史を書いた。〟そんな事態を、わたしは想定できないのである。

だから、必要もないのに、聖徳太子の没年月日をとりちがえたり、あるいは〝うそ〟の年月日をわざと書いたり、法隆寺が「全焼」もしないのに、「全焼した」と書く、そんな〝うそ書き魔の作品〟のごとく、書紀を見ることはできぬ。それだけの話なのである。この点、実は、「甘い」の、「辛い」の、といった問題とは、問題の質がちがう。わたしの目には、そう見えている。それが、家永氏の立場と、わたしの立場との、本質的なちがいなのである。

氏は、この点、壬申の乱で近江宮が焼けたことをもって、史料が極度に不足し、ために天智紀が信頼できぬものになってしまった、かに論じておられるけれども、これも、当面の問題に関しては、不当である。なぜなら、日本書紀成立（七二〇）の「五十年前」に、法隆寺が「全焼」したか、しなかったか、というようなことは、〝史料がなければ分らない。〟ような性格の事件ではない。ちょうど、家永氏にとって「五十年前」の事件たる「法隆寺、再建・非再建論争」があったか、なかったか、史料に当らねば分らぬ、そんなものではないであろう。それと同じだ。わたしにとっても、もう六年経てば、広島に原爆が投下され、わたしの広島の家で父母が被災した、その事件が「五十年前」となる。しかし、もう六年経ったら、史料なしには、その原爆被災の事実の有無を思い出せなくなるか、わたしには考えられない。まして日本書紀は「七二〇」に突如書かれたものではなく、少くとも五年～十年以上の歳月を経て企画され、検討され、執筆されたものであろうから、この「五十年」は、もっとちぢめられよう。すなわち「四十年前後」前の事件、それが「法隆寺全焼」だ。それを〝史料がなかったから、分らなかっただろう。〟式の言辞を弄されること、わたしには不審にたえない。

氏の終りの一文を検しよう。

「法隆寺火災の記事は、童謡を付会することにより、時勢の不安を暗示する文脈の中にあり、編者が加筆した可能性が高いのではないか。」

この箇所は、次のようである。

「Ⓐ夏四月の癸卯の朔壬申、夜半之後に、法隆寺に災あり。一屋余す無し。

Ⓑ大雨、雷震す。

Ⓒ五月に、童謡して曰く、「打橋の　集楽《つめ》の遊に　出でませ子　玉手の家の　八重子の刀自　出でましの　悔《くい》はあらじぞ　出でませ子　玉手の家の　八重子の刀自」

Ⓓ六月に、邑中《むら》に亀を獲たり。背に申《しん》の字を書せり。上黄に下玄《くろ》し。長さ六寸許《ばかり》。

Ⓔ秋九月の辛未の朔に、阿曇の頬垂《つらたり》を新羅に遣す。」

右のⒸの存在を理由にして、Ⓐも「加筆」にすぎぬ、そして、「信憑性」を〝消そう〟とされるのである。

この点も、実は、五十年前の、若き日の論旨（一九三九）と同趣意、同手法のくりかえしである。

「『一屋無余大雨雷震』の八字が、天智六年紀の『天下百姓不願遷都、云々、日々夜々失火処多』や、十年紀の『大炊省鼎鳴』、其の他の類似の記事と同じく、近江政府の失政と、没落の前兆とに附会された、編者一流の造作の臭濃厚なこと、これらの点が一応取り上げられて然るべきでありませう。」

今回の氏の論法と、全く同巧異曲の趣が看取されよう。ただ、ちがうところは、五十年前は、「法隆寺被災、再建」そのものへの疑惑、そして（法隆寺再建の明らかになったあとの）今回には、「本尊焼失」への疑惑（建物は焼けたが、仏像・仏具は無事）だけ。すなわち、〝ちがう帰結〟に対し、〝同じ論法〟が利用されているのである。「恣意の論法」と言わざるをえない。

第一、右の「童謡」は、「集遊の遊……八重子の刀自」を歌ったものにすぎず、何等「火災」との直接の関係はない。それを敢えて結びつけるのは、氏のような論者の「主観的意図」の所為にすぎぬ。「ムード論」としては、一種の〝思わせぶり〟の効果は、（相手によっては）挙げうるかもしれないけれど、決して客観的証拠というべきものではない。その証拠は、同じ理由（Ⓒの存在）によって、直前のⒷ記事を否定したり、Ⓔ記事を否定したり、することも可能である。もし、このⒸ記事に、それだけの「力」あり、とすれば、の話であるけれど。もって、氏の依拠された論法の〝変幻自在振り〟が知られよう。要は、すでに書紀の文を〝疑惑しようとしている〟人々には通用するものの、格別それを欲していない人々には通用せぬ、そのてい
の「論法」なのである。また氏は、

「天智九年紀の火災の叙述よりもオリジナルな表記をもつ法隆寺罹災記事が八年の条にも見えるのも不審であり、同一事件の重出ではないかと考えられる。」

と言っておられる。これは

「(天智八年、是冬)斑鳩寺に災あり。」の記事と、今問題の「天智九年夏四月」の法隆寺「一屋無余」記事とを、同一事件の「重出」として疑い、もって前者を原形、後者を「加筆」視せんとするものである。けれども、遺憾ながら、この論点も、同意しがたい。なぜなら、

(a)前者の「斑鳩寺」と後者の「法隆寺」とが、全く同一の概念であるかどうかも、断定はしがたい。(たとえば、法隆寺と周辺の小寺——後代に言う「塔中《たっちゅう》」——を含めて「斑鳩寺」と呼ぶ。あるいは、逆のケース等。)

(b)また両者が全く同一の概念(前後関係)であった、としても、前者のケースは「小火」、後者のケースは「全焼」だから、相次いだ、としても、不審ではない。ことに放火の場合など、一層ありうるケースであろう。

(c)従って両記事をもって「同一事件の重出」と断定すべき根拠は、全く存在しない。

この「重出」問題は、津田左右吉以来、論及されているところであるけれど、津田の軽易の「疑惑の論法」は、氏も(津田史学の継承者として)追従された模様であるけれど、わたしには、遺憾ながら、その安易の論法には到底従いがたいところである。

五

(六) 「天寿国繡帳銘」問題

〈その一〉「後代写本」について。「天寿国繡帳銘」は、法隆寺蔵の繡帳二張であり、そこに「亀背上の文字」が銘文として存在する。全文四百字、ただし現存銘文は大部分損失し、約二十字前後、認識できるだけであるという。この点、家永氏の労作『上宮聖徳法王帝説の研究（増訂版）』（三省堂刊）に詳しい。各論編は昭和二十六年、総論編は昭和二十八年、増訂版は昭和四十五年の刊行であり、当時の学界の水準を高くした、出色の研究であった。さて、この銘文は、「上宮聖徳法王帝説」という、法隆寺の僧によるものらしき文書（書写及び自説）の中に書写されて残されている。この文書の写本も、知恩院蔵本をはじめ各種あり、この家永氏の本の冒頭に写真版で紹介されている。

この文書の原本の成立は（各部位によってちがいはあるものの）ほぼ七〜八世紀頃のものであると思われるから、他に類本を見ぬ貴重な文書である（家永氏は、最古部分を七世紀代の成立と推定された）。そこにこの小文書の研究に総力をそそぎ、大部の研究書にまとめられた家永氏の、学界に対する貢献があった。

以上の状況認識に立って、わたしは「もっとも、実物はほとんど現存せず。もっぱら『上宮聖徳法王帝説』によっているから……」と書いたのである。ところがこれに対して氏は、この文書以外に、当銘文を書写した後代写本（鎌倉期の三本）の存在する事実を指摘し、わたしの行文の非であることを指摘されたのである。確かに、この点、すでに氏の右の本（改訂版）に指摘し、補足されているところであるから、そのような書誌的御注意にとどまる限り、何の異議もない。むしろ、わたしの不十分な行文を補って下さった点、厚く感謝すること、当然である。

これはちょうど、わたしが親鸞の教行信証を論ずるさい、もっぱら三古本（坂東本、西本願寺本、高田本）にその検証対象をしぼった。これらが親鸞自筆本（坂東本。東本願寺蔵）とそれにつづく古本だからである。

しかし現在、右以外の後代写本（室町期、西蓮寺本等）に対して注目が向けられ、そこに右の三古本になき史料価値の存することが指摘されていること、学界周知のところである。（重見一行氏の『教行信証の研究』もその一であり、これに対するわたしの書評がある。仏教史研究第二十七巻第一号、昭和五十九年十月三十一日）

けれども、これらの室町期後代写本の存在することの指摘はすでに宮崎円遵氏『親鸞聖人書誌』（昭和十八年）等に存在した。家永氏の指摘も、これと同じき書誌的御注意として貴重である。

しかしながら、氏がこの地点よりさらに進んで、「ゆえに、当銘は真実《リアル》な史実の反映と見なしうる。」と主張されるとすれば、大きなあやまりである。

例を日本書紀にとって考えてみよう。この古写本として、平安後期の前田本の他、室町期の卜部家系本や各期の北野本、さらに佐々木信綱旧蔵本・猪熊本などの奈良期末期あるいは平安時代初期の断簡類が存在している。従って日本書紀が八世紀初頭（七二〇）の成立であることを疑う人は存在しないであろう。

この史料事実は、何を意味するか。たとえば、景行紀における「景行天皇の九州大遠征記事」が、少くともこの時点に成立していたことは明らかである。おそらく七世紀後葉（天武期）に企画された編集方針にもとづき、これを「増改」したところ、その実現と見なして大異はないと思われる。すなわち「七〜八世紀」の成立によるものだ。

では、その成立時期の「確認」によって、右の「大遠征」は史実と見なしうるか。非である。逆に、この「七〜八世紀」において、近畿天皇家内において「一大偽史の構想」が生れ、その方が「朝廷の正史」とされたこと、その事実を、遺憾ながら、わたしには疑うことができぬ。なぜなら、ほぼ同じ時期、日本書紀にやや先立って成立した古事記を見れば、右の「大遠征」など、影も形もないからである。これに対して「書紀の方が真、古事記の方はその削除形。」という見地はとりえず、逆に「古事記の方が真、書紀の方はその改変形。」そのように見なさざるをえぬこと、すでにのべたごとくである。(『盗まれた神話』)

これを要約すれば、

(a) 多数の各種写本の存在によって「七〜八世紀」の成立が確認されても、そのことによって記載内容の史実性は何等「保証」されないこと。

(b) 右によって七世紀後葉から八世紀初頭にかけての近畿は、「権力による歴史偽造」の時代及び領域であったこと。

この二点が確認されるのである。もって家永氏の推認の当らざることが知られよう。なぜなら、氏は当銘の成立が「七世紀後葉及至八世紀」の当時にあったことを、各種の異時代・異写本の「共存」によって証明されたのち、直ちに〝これこそ当銘の記載内容の信憑しうる証拠である。〟かのように推認しておられるからである。書紀に対する〝辛い〟批判に対し、ここでは、あまりにも〝甘い〟論法と言わざるをえぬ。わたしの目からは、氏の方法論に一貫性なし、と見えるのである。もちろん、氏の積年の学的方法の基本が「書紀を疑い、当銘などを信ずる」にあったこと、学界周知のところであるけれども、わたしの立場からは、氏の学問の方法の根本に対し、大きな疑問をもたざるをえぬことを遺憾とする。要は、「七世紀後半から八世紀にかけて」の近畿は、新権力が「歴史偽造」に専念した領域であった。その点、氏の信憑される「上宮聖徳法王帝説」も、当銘(写本)も、その時期、その領域内の産物である。この一点をわたしは惑わず、注視するものである。

〈その二〉「用字法」等について。氏は、当銘中の「巷奇」「足尼」といった用字が古形であること、また「多至波奈大女郎」「尾治王」など、記・紀にない聖徳太子の妃の系図を伝えていることを挙げ、もって当銘が「造文」でなく、信憑しうる旨、論じておられる。このような判断は妥当だろうか。

では、問おう。日本書紀の「景行紀」中に「厚鹿文・迮鹿文・市鹿文」といった人名表記がある。みな、古形であり、到底「七〜八世紀頃の『造文』」とは見えない。また碩田国速見邑の土蜘蛛として挙げられている「鼠の石窟の青・白、直入県禰疑野の打猨・八田・国摩侶」等、いずれも、古来の原地勢力の分布図として真実（リアル）であり、決して「七〜八世紀の近畿」における「新しい造文」とは見えない。では、この史料事実を指摘することによって、「景行天皇の九州大遠征は史実。」という結論をうることができるであろうか。当然、非だ。では、なぜ、そうなるか。言うまでもない。「九州王朝の史書中の記述（「日本旧記」等）から、「盗用」して、この景行紀を構成したからである。

当銘の場合も、同じだ。氏の指摘は、当銘には、「古資料」が「素材」とされていることをしめすにとどまり、それによって「当銘中の聖徳太子没年月日は正しい。」という命題にすすむならば、「大いなる論理の飛躍」に他ならぬ。もし氏が、「景行天皇の九州大遠征も史実である。」という立場をとられるならば、確かに論理は一貫しよう。ただ、そのさいは、同じく「九州王朝の史書からの盗用」として、神名等の固有名詞表記に古形を存する「神代紀」もまた、史実、乃至本来の古伝承として〝信憑しうる〟もの、として主張せられねばならないであろう。果して氏は、このような「論理の一貫性」に耐えられるであろうか。わたしは、ここにおいてもまた、大きな疑問をもたざるをえないのを遺憾とする。

〈その三〉「斑鳩伝承」について。ここで氏の展開された「飛鳥伝承」と「斑鳩伝承」との優劣論は、わたしには理解しにくい論法である。あたかも〝昭和天皇の崩年月日は、千代田区（宮城をふくむ）の住民と多摩地区の住民と、どちらがよく知っているか。〟といった問いに類し、そのような優劣論に、意味あり、とは思えないのだ。

思うに、わたしが、書紀の中の「聖徳太子の没年月日」記事がもしあやまっていたら、大和とその周辺の人々（もちろん、飛鳥も斑鳩もふくむ）、ことに太子ゆかりの人々が、これに疑問を抱かぬはずはない。また書紀執筆者群中、みんながこの「百年前」の高名な人物（太子）の没年月日を忘れ去っていたはずはない、と論じたのに対比して、（正確に言えば〝なぞって〟）当銘が斑鳩の地に存した、という事実から、「その没年月日（推古三十年二月二十二日）のあやまり」に、斑鳩の人が気づかぬはずなし、と論ぜられたのであろう。

一見、もっともに見える、氏のこの論法には、実は、大きな「見落し」がある。それはわたしが右の書紀の「没年月日」問題を論じたとき、二つの重要な大前提があったことである。

〈その一〉　書紀は、個人的著作でなく、大和の貴族・インテリたちを集合した、公的な「共同著作」である。

〈その二〉　この書は、成立後、間もなく「公開」された。否、むしろ、学生たちを集めて「講読」させ、さらに彼等にその「講読」内容を広めさせた。すなわち、「近畿天皇家の正史」として、大いに公的なP・Rに用いられた。むしろ、そのためにこそ制作されたのである。

右の状況であるから、その中の「太子の没年月日」に対して、もしそれがまちがっていたとしたら、（執筆者にせよ、一般人にせよ、）これに気づかぬはずはない。わたしはそう考えたのである。

ところがこれに対し、当銘はどうであろうか。

〈その一〉　当銘が、多数のメンバーによる公的な共同制作によるものとは考えられない。もしそのようなものなら、日本書紀（乃至続日本紀）に、当銘の制作が必ず記載されたであろう。しかし、それはない。

〈その二〉しかも、制作直後、「公開」されて、多数の人々の「自由閲覧」に供された形跡も、別段存在しない。

以上、書紀とは全く客観条件を異にしている。しかるに、それがあたかも「同一」であるかに見なして「対比」、否〝なぞる〟ことなど、全く無意味である。

もし、氏のような論法が許されるとしたならば、一切の「偽作」は存在しえないこととなろう。なぜなら、ある宗派内の、その宗派のための「偽作」は、通例、当の本山の地に置かれているものだからである。氏の論議は、わたしの立論に〝なぞる〟ことにいそぎすぎ、客観的条件の差異（少くとも、同一かどうか不明であること）を、忘却されたのではあるまいか。氏のために惜しまざるをえない。

〈その四〉「磯長陵」について。ここにおける氏の論議も、わたしの目には、きわめて〝他愛ない〟ものと見える。率直に申すことをお許しいただきたい。なぜなら、「三尊形式」が、当時（七～八世紀）以降の日本列島に流行したこと、幾多の徴証がある。肝心の仏像の場合はもとより、「三山」信仰や「三宮（上・中・下宮）」形式ややがては「三神」形式まで、その例に乏しからぬところである。とすれば、磯長陵が「三体合葬」であるから、といって、なぜそれが、今問題の釈迦三尊の「三体」と同一、と称しうるのであろう。それは、数多くある「三」の一致、いわば〝ごろ合わせ〟ならぬ〝数字合わせ〟にすぎぬではないか。まさか、氏は、数多い「三尊形式」信仰を、すべて聖徳太子に結び付けるような、杜撰《ずさん》な付会論者ではあるまい。

第一、日本書紀に「是、東宮聖徳に嫁す。」（敏達紀）と明記されているのは、菟道貝鮹皇女（敏達天皇と豊御食炊屋姫尊〈推古天皇〉との間の娘）、唯一人である。他の三人（膳部の菩岐々美郎女、蘇我の刀自古郎女、尾治の位奈部橘王）に関しては、書紀には記載がない。わたしたちがこれを知っているのは、『上宮記』『上宮聖徳法王帝説』などによっているのである。この事実は重要だ。なぜなら、書紀の編者たちが、あとの三人の存在を知らなかった、とは考えられぬ。ただ「正妃のみ、記載する。」という、新たな名分上の立場によったもの、と思われる。

一方、陵墓というのは、公的なもの、すなわち「正式」のものだ。とすれば、もし磯長廟に「三体合葬」されていたとすれば、この「正妃を除外する」というのは、考えがたい。また、聖徳太子の後継者（次代）は、山背大兄王であったようであるが、その王が自分の母たる、刀自古郎女を「除外」し、「正妃」も「除外」し、ただ「膳部の菩岐々美郎女」だけを〝合葬〟する、というのも、まことに不可解である。ことに、聖徳太子の没時には、いまだ蘇我馬子は健在であり、その馬子の娘が他ならぬ刀自古郎女であったことを思えば、尚更だ。「正妃」たる貝鮹皇女をおしのけて、自分の娘を、という〝思わく〟ならともかく、「正妃」も「自分の娘」も無視して、「膳部の娘」だけを合葬させた、などとは考えがたい。これがわたしの理路である。

もっとも、これはあくまで「理路」にすぎぬから、当の「棺」の中から「膳部の菩岐々美郎女」という銘文でも出土した、という事実があれば、当然それが優先しよう。わたしは、そのような「銘文」を見たことがない。家永氏は、それを御覧になったのであろうか。あれば、是非、おしめし願いたい。「ないけれど、釈迦三尊と対応させて、そう推認した。」などと言われるなら、残念ながら、わたしは、キッパリと首を横に振る他はない。氏にとっては、このていの対応が「高度の間接証拠」となりうるのかもしれないけれど、それはあくまで、氏の立場の「水準」をしめすものにすぎず、わたしにとっては、それ以外の何物でもない。

六

(七) 「その他」論

〈その一〉「私寺」について。わたしは、釈迦三尊が「聖徳太子」に関するものに非ざる証拠の一として、「推古天皇の不在」を挙げた。聖徳太子とその母と妻（の一人）の死を叙した銘文であったならば、その時点の「天皇」にして「義母」にも当る推古天皇の存在が全く〃欠如〃しているのは不自然。そのように論じたのである。これに対して氏は「斑鳩寺は上宮王一族の私寺」であるから、との理由で、その必要なし、とされる。これこそ、わたしには不可思議だ。氏は何か〃勘ちがい〃をしておられるのではなかろうか。なぜなら、右の「私寺」論に立って、「推古天皇が関与しなければならない必然性はどこにも無い。」と言っておられる、その「関与」の一語が、わたしの論旨と、ある種の齟齬《そご》をしめしているように思われるからである。わたしの立場は次のようだ。

第一、推古天皇は、太子の「義母」であるから、もし「私寺」であったとしても、太子の病気平癒のため、誓願・造像に、直接「関与」していても、何の不思議もない。

第二、しかしながら、わたしの強調点は、むしろ次の点にある。「私寺」であろうと、何であろうと、斑鳩が「推古天皇の治世下」であることは、まちがいない。その上、斑鳩をふくむ大和の地は、その治世下の「お膝元」といっていい。そこで「太子の死」を傷《いた》むとき、第一権力者たる推古天皇の「影も形も見えない」というのは、不自然である。たとえば、冒頭で「豊御食炊屋姫（推古天皇）の何年」といった表現をとることは、「私寺の場合、すべきではない。」などと、氏は考えられるのであろうか。わたしには不可解である。あるいは「同姫のおかげを蒙り」といった表現があったとしても、「私寺」であるからといって何のさしつかえもない。わたしにはそのように思われるのである。第一、太子の生涯の業跡の大部分は、「推古天皇の治世をたすける」つまり「摂政」という一点に集約されていたこと、周知のところ、その、たすけてきた、当の相手（推古天皇）のことに一言もふれない、などということは、わたしには不自然きわまりなきもの、と見える。それは「私寺」論によって〃補う〃ことのできぬものである。なぜなら、それは太子の生涯において「支葉末節」ならぬ、「根幹」をなす事実、それが「摂政」という一事だったからである。

次いで、氏は、法隆寺金堂薬師像について「釈迦像よりもはるかに時代が下る」と言っておられる。これは、同像の「偽作」論である。この薬師像は、明白に聖徳太子（東宮聖王）の名を出し、推古天皇（大王天皇）の名を出し、「歳次丁卯年（推古十五年、六〇七）」という年時をしめしている。にもかかわらず、「その年時より、ずっとあとの制作」と断定するのであるから、「偽作」という、ストレートな表現を避けているだけで、実際は明白な「偽作」論である。ちょうど「敗戦」を「終戦」と婉曲に言い変える、あれと同じていの手法である。

では、なぜ、氏は、ここでは軽々と「偽作」説に立たれるか。それは、釈迦三尊とこれが「同時共存」できないからである。仏像の作りも、銘文の文字も、文章も、巧拙全く相へだたっている。従って、この両像が「同じ大和で」そして「同じ七世紀前半」に、共に作られた、とは、いかにしても言いえない。そこで、一方の薬師像を抹殺するために、「偽作」説に奔られたのである。

その上、こちらには、わたしの論ずる通り、「推古天皇の存在」が明白である。だから、これが〃邪魔〃になり、「偽作」視することで〃切り抜けよう〃としておられるのである。失礼ながら、姑息である。

しかも、わたしは当の著作（『古代は輝いていたⅢ』第四部第二章「薬師仏の光背銘」）において、当薬師仏の「真作証明」を行った。しかるに氏は、これに対する反証を一切行わず、ひたすら「美術史家の権威」にのみ依存された。これでは、当方としても、真面目に再反論しようとしても、不可能である。なぜなら、従来の美術史家はすべて「近畿天皇家一元主義の土俵の中」の美術史家、いわば〃天皇家中心のイデオロギーの僕《しもべ》たち〃であった。それに氏が依存されようとするのは、いわば〃衰竜《こんりゅう》の影に隠れて、相手を撃つ〃類の所業にすぎぬ。やはり、再び姑息と言う他なきを遺憾とする。

〈その二〉「帝説」について。ここでも氏は、いささか「臆測」説に頼りすぎている。わたしには、そのように見える。その理由を左にのべよう。

先ず、氏は次のようにのべられる。

「私は今のところ『帝説』の意味は不明としておくべきであると考える。」

これは、先の氏の著述以来の立場である。一応、慎重かつ穏当な表明と見えよう。わたしは、そのような、氏の「立場」そのものに対して〝反対〟する気はない。

しかし、逆に氏が、他の論者（たとえば、わたし）に対しても、「同じ立場を守るべし。」と主張するとしたら、それは〝過辞〟つまり〝やりすぎ〟だ。なぜなら、同じく「不明」といっても、いろいろある。古写本の当該個所が〝虫喰い〟で不明であり、他に代る写本がない。こういう場合の「不明」。また難解な文字で、現在の漢字知識では全く読みとれぬときの「不明」。また前後関係から全く意味の通じない「不明」など、種々存在しよう。

しかし、ここは、そのいずれでもない。「帝説」という明白な文字が存在する上、「帝」も「説」も、意味の明晰な文字であり、何等、難解な文字ではない。それだけではない。この文書には「右王天皇」「少治田御宇天皇」「池辺天皇」「斯帰斯麻天皇」「志癸嶋天皇」「他田天皇」「倉橋天皇」といった風に、各天皇名があふれている。従ってこの「帝」が「天皇」を意味することは、容易に察しえよう。

次は「説」。「文体の一。義理を解釈し、自己の意見を述べるもので、論と同じく詳瞻を主眼とする。其の名は易の説卦から起る。」（諸橋『大漢和辞典』）

按、字書、説、解也、述也、解二釈義理一、而以三己意一述レ之也、説之名起二於説卦一。〈文体明弁、説〉

要するに「論」と同じく「説」は〝文体の名〟であり、「義理を解釈し、自己の意見を述べる」ものだ、という。たとえば、「仏説」という場合、〝仏の説いた説〟というのが通例の用法だが、右の「説」の意とすれば、〝仏教に関し、義理を解釈し、自己の意見をのべた文体〟を「仏説」と称しうることとなろう。同じく「帝説」も、〝天皇関係の文書（説話）に関し、義理を解釈し、自己の意見をのべた文体〟の意として用いうるのである。

そしてこの文書の実体は、一に、天皇家関係の文書（説話）、二に、これに対する、著者の解釈、三に、自己の意見、この三者をふくんでいること、当文献「上宮聖徳法王帝説」を見れば、明らかである。とすれば、以上の、わたしの理解も、一仮説として成り立つ。わたしには、そう思われる。もちろん、他の例（「帝説」の用例）がないから、「断案」となしえないこと、当然である。

しかるに氏は、このわたしの提案に対し、「証拠の無い類推の飛躍」ときめつけ、あくまで、自分がかつて提示した「不明」の一点にとどまれ、と命ぜられる。このような態度は、研究者として正当であろうか。非ず。これは「自己を権威化する」所業、わたしにはそう見える。むしろ、後進の研究者から、種々の学的冒険、新しき仮説の輩出することを喜ぶ。これこそ、真の研究者ではあるまいか。少くとも、わたしは、そうありたいと願う。なぜなら、「師の説に、な、なづみそ。」これが本居宣長の言葉、そして恩師村岡典嗣氏が若き日のわたしに対して、この一語をもって「学問の真の精神」としてしめされたところだったからである。

〈その三〉「上宮法皇」の改変について。釈迦三尊銘文の肝要をなす「上宮法皇」の一語に対して、「上宮聖徳法王帝説」では「上宮法王」として、重大な「改変」を行っている。その点をわたしは指摘した。

これに対して、氏はこれを非とし、〝これは単純なる写誤にすぎず。〟と主張せられている。けれども、わたしには、氏のこの主張に対し、やはり首を縦にふることができない。なぜなら、問題が枝葉末節の一語に非ず、

「皇」というような重大な一語を、軽々に写誤して気付かない、といったことは、はなはだありにくいように思われること、その上、氏も「最初の成立期」にすでにあった、とされる「上宮聖徳法王帝説」の表題が、すでに「法王」とあって「法皇」とないこと、これらの点から見ると、どうも、単純な写誤とはいいえぬように思われるからである。

しかしながら、それでも氏がなお「これは単純な写誤である。」と〝言い張られる〟としたら、それは止むをえない。なぜなら、そのような氏の主張は、何等確たる〝裏付け〟をもたぬ、一種の「信条告白」に似たものにすぎないからである。

これに反し、わたしの「改変」説には〝裏づけ〟がある。それは原銘文の冒頭の

法興元卅一年歳次辛巳

を、当「上宮聖徳法王帝説」中では、

法興元世一年歳次辛巳

とされており、その上、これに対する解釈としては、いったん「此能不知也（此れ、能く知らざるなり）」と言いながら、次いで「建立三宝始興大寺故日法興元世也此即銘云法興元世一年也（三宝を建立し、始めて大寺を興す。故に、法興元世と曰うなり。）此れ即ち、銘に云う『法興元世一年』なり。」と、自己の意見を陳述している。すなわち、「卅」と「世」とは、単なる「誤写」つまり、不注意というより、深く注意されているのである。

同じく「上宮法王」の件も、同じ著者が「上宮聖王（聖徳太子）」に当ることを力説しているのであるから、到底〝単なる写誤〟とは見えぬ。深くここに注意していたこと明らかなのであるから。

以上の史料状況にもかかわらず、なお氏が「いずれも、単純な写誤」との説を固守されるならば、それはすで

にのべた通り、氏の自由だ。それ以上は、いたずらに「不毛の論争」に陥るのみであろう。思うに、「改変」と「写誤に対する、強引な理由づけ」と、相去ること、いくばくもないのではあるまいか。わたしにはそう思われる。

七

(八)「造作の意図」論

最後の、氏の問い。それは、天寿国繍帳「造作の意図、いかん。」である。「『造作』とすれば、銘文後半の繍帳製作の由来の文章は虚偽の事実を述べたことになるが、そのような虚偽が斑鳩で通用する可能性があるであろうか。」と言っておられる。

しかし、問題は文章全体ではなく、「没年月日」のみである。わたしには、その「造作の由来」は、次のようであったと思われる。

第一、すでに「釈迦三尊」が再建後の法隆寺に搬入され、「本尊」化されていた。すなわち、この銘文中の「上宮法皇」を「聖徳太子」と等号で結ぶ、新たな「法隆寺伝説」が形成されつつあった。

第二、そのあと、この「天寿国繍帳」が、同じく、他(おそらく尾治王のところ)から搬入された。

第三、そのさい、太子の「没年月日」は、法隆寺の本尊に〝合わせ〟て、「推古三十年二月廿二日」とされていた。

以上が、もっとも、ストレートな理解であるけれど、もう一つのケースがありえよう。

第四、「天寿国繍帳」原本には、没年は「推古二十九年二月五日」となっていたけれど、それに対する「原書写本」において、「本尊」に合わせて、「推古三十年二月廿二日」と「改変」された。「上宮聖徳法王帝説」や「鎌倉期後代写本」は、いずれも、この「原書写本」を源流とする異本にすぎない。

以上、第三・第四、いずれのケースであるか、「天寿国繡帳」そのものが当該部分を欠如している以上、判断しがたいのである。

もっとも、この点、興味深い現象がある。先述のように、原亀甲文は、形状からして「四百字」であるべきであるのに、現在わたしたちの知っている文面（「上宮聖徳法王帝説」等）は、「全四百一字」となっていて、「一字」余分なのである。この点、家永氏は先の著述で次のようにのべておられる。

「〔復原銘文及正訓〕

銘文の正確なる復原を完遂せんとせば、全文四百字を決定して、之を四字宛亀甲の一顆に配当せざるべからず。然れども諸説未だ帰一せざるもの多くして、今直に四百字を確定するは冒険たるを免れざれば、ここには姑く衍字を推定削除することなく、四百一字を掲げて、四字一顆の配当をやめ、現存亀甲文の文字をゴシック活字を以て示すにとどめたり。但し衍字が第百六十一字より第二百五十七字迄の間にあることは、現存亀甲文の文字の位置よりして明と云ふべし。」（三六四〜五頁）

「原本の原形状は、四百字。現存写本（「上宮聖徳法王帝説」等）は、四百一字。」この矛盾に、氏が、いかに苦慮されたかが、如実にうかがえる、興味深い一文である。ところが、問題の一句「二月廿二日」が、もし「二月五日」であったとしたら、ピタリ「全四百字」となること、当然である。しかも、この「二月廿二日」は、全体の中で、「第二四六字目から第二五〇字目まで」に当り、まさに氏の言われる「衍字が第百六十一字より第二百五十七字迄の間にあることは、現存亀甲文の文字の位置よりして明と云ふべし。」の指定個所内に、ピタリと相当しているのである。驚くべきことだ。

その上、さらにもう一つ、この亀甲文（現存、古写本の文面）には、難関が存在した。

「(三) 癸酉〔今按〕忠友等の考へし如く、辛巳年十二月廿一日の干支が癸酉にあらずして甲戌なることは疑なく、しかも母后の忌日が廿一日なることも疑なしとせば、何故に本銘文の作者が母王の忌日の干支を誤りたるか、これ遺されたる問題と云ふべし。宮田氏はこれを解かんが為め、本銘文は推古天皇時代の作にあらずして、後年繡帳上に追繡せられたるものと解する仮説を提示したるも、遽かに従ひ難し。」（三六八頁）

つまり、聖徳太子の母親、間人公主の没年月日の干支は「甲戌」であるはずなのに、ここでは「癸酉」となっていて、合わない、というのである。この点も、氏は「解決」を断念しておられる。確かに、不可解な矛盾である。

聖徳太子没後、間もなく、この繡帳が作られた、とすれば、ありにくい錯誤である。

ところが、今、新しく、わたしの提示した仮説、「繡帳の原本では、太子の没年月日は、書紀と同じく、推古二十九年（辛巳）二月五日であった。」という立場に立って、考えてみよう。その場合は、当然、「前年」は「辛巳」ではなく、「庚辰」（推古二十八年）となる。そこでもし、原文が
「歳在庚辰十一月十四日癸酉」

の類であったとすれば、現存文面（古写本）と字数が変ることなく、しかも、干支はピタリ「癸酉」となるのである。（次の「明年二月廿二日」の「明年」は、ゴチックであり、原本に存在する。）

この「十二月廿一日」や「二月廿二日」の表現は、釈迦三尊像銘文の方にも、「十二月」「正月廿二日」「二月廿一日」「翌日（二月廿二日）」とある数字と、一種奇妙な〝相似形〟をなしている。もちろん、事柄は両者、正確に対応しているわけではない。けれども、〝釈迦三尊銘文をモデルにして、数字をいじった。〟という感触が濃

厚なのである。

もちろん、これは、一個の仮説、もしくは、その累積にすぎぬ、ともいえよう。しかしながら、確認すべきことは、

第一、現存古写本（「上宮聖徳法王帝説」等）の文面では、総字数が「一字」だけ、余分であること。

第二、同じく、現存古写本の文面では、母后の没年月日と干支とが矛盾していること。

第三、これに対し、右のような「仮説」を導入すれば、整合した文面がえられること、

この三点である。もちろん、この仮説が正しいかどうか、繡帳原本の大部分が失われてしまった現在、検証すべき手段は、残念ながら、存在しない。

けれども、このように「深刻な矛盾と亀裂を内蔵する、現存古写本の文面」に対し、これを安易に〝信憑〟し、日本書紀等に対する史料批判上の基礎と見なそうとする、氏の学問的立脚地は、まさに蜃《しん》気楼の大海の上にただよう幻の巨城のごとく、まことに危いもの、わたしの目には、そのように見えるのをいかんともしがたいのである。

なお家永氏は、この繡帳が法隆寺内に展示されていたであろう、という「想定」から、その内容の真実性が「保証」されるかのように論じておられるけれども、これは、失礼ながら、あまりにも「甘い論法」である。もし、このような論法が許されるなら、あの、覚如の「本願寺伝絵」など、中沢見明の疑惑や山田文昭の再吟味を待つまでもなく、この論法一発で、その描く親鸞伝の「真実」が保証されることとなろう。なぜなら、この伝絵は、当然、本願寺や専修寺などに「展示」されたこと、疑いない。伝絵は、そもそも一般信徒に「展示」し、「教化」するためのものだからである。

しかるに事実は、覚如自筆として疑いなき東本願寺本に、「吉水入室」「六角堂夢告」をめぐる「年時矛盾」「干支矛盾」の存すること、すでに明記したごとくなのである。

わたしはかつて、法隆寺に訪れたとき、寺の案内人は、フランスからの観光団に対し、「この寺は、七世紀前半、聖徳太子によって創建されました。それから今まで全くそのまま続いています。世界最古の木造建築物です。」と解説していた。右の傍点部がことさら強調されていたのに驚いたわたしは、あとでひそかに注意したのであったが、「こう、説明することになっていますから。」と、全く動ずる気配さえなかった。ここでは、いまだ「非再建説」は健在なのである。

一個の集団内、宗派内においては、世間での常識が、ここでは非常識となる。そういう現象は必ずしも珍しくない。何も、法隆寺に限らないのである。それどころか、日本書紀を一貫する「天皇家一元主義の歴史観」、このイデオロギーに関しては、日本列島内全体が「一集団」「一宗派」の観がある。それが、わたしの理性の戦の肝心の対象なのである。家永氏に対する、失礼の言の数々も、その一端の吐露、他意なきものとして、御寛恕賜われば、幸である。

八

(九)最後に

昭和十年六月、喜田貞吉は「日本紀に見ゆる法隆寺」の一文を発表した。『法隆寺の銘文』(『夢殿』第十三冊特集)所収の論文である。その中で彼は、自家の再建論の立脚地を明快にのべた。

「日本紀載する所天智天皇九年四月三十日の火災の記事が絶対に信ずべき事は、実は苟くも史を読むものの常識を以て判断すべき所であって、たゞそれに盲従すべく、何等の研究を之に加ふる必要は無いのである。」

このように、自家の再建説に毫の疑惑も抱かなかった喜田であったけれども、その彼にして、一個の重要な疑団を有していた。それが、最後の「聖徳太子薨年の疑問」の一節にしめされている。

「ただ一つ日本紀の記事に於て、其の年代について問題となるべきは聖徳太子の薨年月日である。」

として、世上、書紀の「推古二十九年二月五日」を否とし、銘文の「三十年説」を採るのが通例であるが、これは疑わしい、と論じた。その上で

「日本紀には事実上年代に就いて信じ難い場合が少くない。而して是が為に史料の実質的価値を解し得ぬ人々をして、天智九年法隆寺火災の記事亦信を描くに足らずと、極めて手軽に之を片付けてしまふ場合が少くないのである。併しながら日本紀が屢々其の紀年を誤れるに就いては、又それぞれ然るべき理由があり、決して出鱈目に創作捏造したものではない。多年史局を開いて編纂に従事した此の勅撰の史籍に於て、何等理由もなく、又必要もなき所に、さう不注意による過誤があるべしとは思はれぬ。」

と論じた。その結果、

「要するに是だけは永く疑問として遺るべきものでなければならぬ。」

と結論した。明快な喜田は、ここでは敢然と「疑問」の二字を提起して、しりぞかなかったのである。これはすなわち、わたしの立論の導火線をなすべき「疑問」だ。わたしの問題意識が、決して研究史上〝孤立〟したものに非ることが知られよう。

思えば、昭和三十年代、わたしが親鸞研究に没入していたとき、喜田の問題提起（たとえば「今上」問題）に、しばしばわたしは導かれた。そして今気づけば、また。感慨を禁じえない。

けれども、親鸞研究の場合と同じく、この「聖徳太子没年月日」に関する喜田の「疑問」に対し、学界は真摯に応答してきたとは言いがたいであろう。わたしが論文や著述をもって明確な問題提起を行ったにもかかわらず、これに対する反応は、皆無に近かったのである。この点、率直に批判を公にして下さった家永氏に対して、かえすがえすも深い敬意と厚い感謝をささげたいと思う。なかんずく、わたしの率直な応答の中で、失礼の批言の多かったことを深く謝し、改めて再批判の貴論を賜わらんことを期待しつつ、いったん筆を擱かせていただきたいと思う。

註

(1) 例外として、『季刊邪馬台国』掲載の諸稿がある。感謝したい。

(2) 家永氏の研究書は『上宮聖徳法王帝説の研究』(三省堂刊)である。

(3) 古田「親鸞伝の基本問題――『伝絵』の比較研究」『真宗重宝聚英第五巻、親鸞聖人伝絵』(同朋舎出版、一九八九年二月二十八日刊)所収。

(4) 西方指南抄「上本」「中本」に「康元元丁巳」とあるのは、「康元二年(一二五七)」のあやまりである。(親鸞自筆本)

(5) 『失われた九州王朝』(朝日新聞社刊、のち角川文庫)『古代は輝いていた』第三巻(朝日新聞社刊、のち朝日文庫)

(6) 家永氏、前掲書

(7) 歎異抄、蓮如本(西本願寺蔵)末尾の流罪目安に〃切断〃の跡があること、すでに指摘した。(古田「歎異抄蓮如本の原本状況――『流罪町安』切断をめぐって――」『親鸞思想――その史料批判――』冨山房刊、所収参照)
また聖徳太子作とされてきた「法華義疏」に注目すべき〃切り取り〃跡のある点、すでに指摘した。(古田「『法華義疏』の史料批判――その史料科学的研究――」『古代は沈黙せず』駸々堂刊、参照)

(8) 古田『親鸞――人と思想――』(清水書院、新書版)「新史料『建長二年文書』の史実性」(『親鸞思想――その史料批判――』所収、参照)

〈補〉

以上で、家永氏に答えさせていただいた。本稿は、一般に公開されるものである。そこで今、歴史の大局の視点に立ち、わたしの論点を平易にまとめさせていただくこととしよう。

第一、従来の古代史学においては、少くとも四～五世紀以降においては、近畿天皇家をもって、日本列島中心の王者と見なして疑わなかった。いわゆる統一中心を「近畿」とし、その支配領域を「九州から関東まで」とする歴史観である。わたしはこれを「近畿天皇家一元史観」と呼ぶ。

第二、従ってこの史観からは、「倭の五王」（宋書倭国伝）や「日出ずる処の天子」（隋書俀《たい》国伝）も、共に、近畿天皇家の王者（「履中～雄略」や「推古」等の諸天皇）と見なす。その上、「倭国」と「日本国」を別国とする旧唐書倭国伝・日本国伝をもって〝信憑に値いせず〟としてきたのである。

第三、これに対してわたしの場合、一世紀の志賀島の金印の王者（漢の委奴国の王）も、三世紀の卑弥呼（邪馬壹国の女王）も、五世紀の「倭の五王」も、七世紀の「日出ずる処の天子」も、一貫して共に「筑紫の王者」である、と見なした。いわゆる「九州王朝」がこれである。従って旧唐書にいう「倭国」とは、これであり、八世紀以降、これを「併合」した、とされる「日本国」こそ、近畿天皇家を指す。すなわち、その統一（九州から関東まで）は、八世紀以降の史実。これが、わたしの歴史観である。さらに、関東・東北・琉球等、各権力中心（王朝）の存在を認める。これが、わたしの「多元史観」の立場である。

第四、以上は、中国の歴代の歴史書、また日本側の古典（古事記・日本書紀・風土記）に対する分析に立つものであるが、この両史観（従来の一元史観と、わたしの多元史観）の当否を決するもの、それは、同時代史料の最《さい》たる金石文がこれである。

ここに本稿で対象となった金石文、「法隆寺の釈迦三尊」「天寿国繡帳」の各銘文が採り上げられた理由、真の背景がある。

第五、これらはかつて、いずれも、家永三郎氏が学界周知の高著『上宮聖徳法王帝説の研究』において「聖徳太子に関する、基礎史料」として叙述されたところであった。「上宮聖徳法王帝説」は、右の二個の金石文等の文面を収載した古文献として、氏がその内実を分析し、学界に報告されたところであった。

第六、ところが、わたしの史料批判の結果は、これに反していた。「法隆寺の釈迦三尊」は、聖徳太子に関するものに非ず。従って天智九年の法隆寺焼失以後、他(九州)よりもたらされたもの、そのように判断したのであった。すなわち、隋書俀国伝中に「阿蘇山下の王者」として描かれた多利思北孤《たりしほこ》(「日出ずる処の天子」)こそ、この銘文中の「上宮法皇」その人である。これが、わたしの史料批判の帰結であった。

また、聖徳太子の基礎史料とされてきた「天寿国繡帳」は、少くとも現存古写本(上宮聖徳法王帝説等)に関する限り、信憑に値いせず。これが、わたしの史料批判の、意外な到着点となったのである。これが、わたしの論文「法隆寺釈迦三尊の史料批判——光背銘文をめぐって——」(『仏教史学研究』二六——二、昭和五十九年三月)及び『古代は輝いていた』第三巻(朝日新聞社刊、朝日文庫)において、のべたところであった。

第七、右のような、わたしの論述に対して、率直な批判、そして質問の筆を執って下さったのが、今回の家永三郎氏の御論述であった。氏は、わたしにとって、東北大学の学生時代以来、恩師であり、先行の研究者であり、敬すべき大先達であった。その方から、このような批判の論稿をえたこと、学的探究者として、この上なき至福というほかはない。従って、極力、委細を尽くしてお答えできたことを喜びとする。失礼の過辞にしばしば及んだこと、学的論争上のこととて、切に御寛恕を願いたい。これ、いわゆる、土俵上の「恩返し」にほかならぬもの、そのように信じている。

第八、何よりの喜びは、氏の鋭い御質問にお答えする中で、数々の新史料、新発見に遭遇できたことである。たとえば、新羅の聖徳王の銘文（皇福寺塔銅函銘）。たとえば、王羲之の詩句（「干食」問題）、たとえば、「天寿国繡帳銘文」の「一字余り」問題等、いずれも、わたし自身にも、従来、思いもよらぬテーマであった。ひとえに「論争」を求め、その「公開」を求めて下さった、氏の〝おかげ〟、そのように深く思い、厚く感謝している。

氏の御希望は、「二往復の論争」であった。さらに氏の鋭い御質問を期待したい。また、本稿中における、わたしの側からの再批判点に対し、十二分の紙幅を費して、お答えいただければ、幸いである。

また、記・紀の神話・説話問題に関しても、わたしの側からの質問・批判に対し、長文をもって応じていただくことを乞い願う。

第九、最後に、次の一点を記させていただきたい。この回答の論文を記したことにより、わたしは「九州王朝」説に対し、一段と確固とした、学問的確信をうることができた。この点こそ、氏に対する、わたしの最大の感謝である。

最強・最良の証拠たる金石文に対して、近畿天皇家一元主義という、従来のすべての史家が依拠してきた史観からは、結局、適切な理解をしめすことができぬ。そのことがいよいよ鮮明化してきたからである。

家永氏のように、さらに率直な疑問提出をいただくか、また他の諸氏のように「無視」の手法をとられるか、そのいかんを問わず、この真実はいよいよ明白化してゆくであろう。すなわち、近畿天皇家一元主義の史観は、ついに排棄する他、道はないのである。

一見、学術的、専門的に見える、本論争は、その実、古代史に対して、些少でも関心のある一般の人々が、決して看過できぬ、重大テーマ、根本テーマに深くかかわることが知られよう。

家永氏による、今回の論争「公開」の御要望が、まことに適切であり、われわれ国民一般にとっても、日本国の歴史の真実認識に至る、不可欠の論争であったこと、この一事を最後に特記させていただきたい。

〈平成元年五月二十一日、最終稿了〉

追記

一、家永氏の「誤記訂正」の件は、御措置に従わせていただく。

二、氏が「どうしても一筆しておかなければならない」とされた、二点について、当方からのべさせていただくこととしよう。

[A] この件について、氏の所述については、当方も格別、異議はない。ただ、「家永氏の主観」においては「喜田氏の天智紀記事の文献批判欠如を批判したにとどまり、……非再建説を支持するための意見ではない。」といわれる通りであろうけれど、それが「再建・非再建説の激突のさ中」においては、もっぱら〝再建説側（喜田貞吉氏）の脆弱性を撃つ。〟という、客観的位置を占めていたこと、今日、冷静に「若き日の家永論文（感想）」を読む者にとって、疑いえぬところではあるまいか。この点、付載された「家永論文」（「日本書紀の修飾字句」）によって、各読者の判断にゆだねたい。

そしてその後の若草伽藍発掘は、家永氏によって「文献批判欠如」と称された、喜田説（再建説）の方が、かえって是であったことを、見事に証明したのである。

[B] 右は、本文の論述の反復にすぎぬ。これに対し、刮目すべき新テーマ、それは、「天寿国繍帳、四百字」問題に対する、氏の指摘だ。これを再吟味させていただこう。

氏によれば、「上宮聖徳法王帝説」所載の「天寿国繍帳」においては、全文「四百一字」であり、実際上の原文「四百字」に対し、一字余分であり、それが、どの「一字」の「衍」（混入）か、決定しかねていたけれども、その後、「廿一日癸酉」（「多至波奈大女郎、為ㇾ后」の歳時）が、実は「廿一癸酉」のあやまりであること、すなわち、「日」字が衍（混入）であったことが判明した、といわれるのである。

そしてそれを「戦後の増補版」で「断定」し、岩波の『日本思想大系聖徳太子集』でも「確定してある。」と称して、この「校定」に対する断然たる「自信」をしめされた。では、果して、氏の「自信」されるほど、この「校正結果」は、確実であろうか。――わたしは、これに対して、ここでも、「否！」の一語をもって答えざるをえぬことを遺憾とする。以下、これをのべよう。

氏の挙証を、左に掲載しよう。

「〔追補〕林幹弥氏は『天寿国繍銘について』（日本歴史第六十四号）に於て、佐々木本及びこれを同一本なりし断簡の一行十二字なることと現存亀甲原物の配字とより推して、『廿一癸酉』とするときは、原銘文四百字の完数を得て矛盾を生ぜずとせり。その後発見せられたる卜部兼文勘点文、九条家及び松下氏本等にも皆『廿一癸酉』に作るを見れば、原銘文に『廿一癸酉』とありしことは、今日ほぼ誤なき処として可ならむか。よりて、下掲の復原銘文より『廿一』の下の『日』を削ることとなせり。」

《『上宮聖徳法王帝説の研究（増補版）』五〇〇ページ「三五八頁二行〈なし難し。〉の下に次の一項を加える。」として、右の文〈全文〉を追補されている。

岩波の『日本思想大系聖徳太子集』三七〇頁頭注も、右と同趣旨。〉

右の論点を個条書きすれば、左のようだ。

〈一〉林幹弥氏は、この「四百一字」問題の解決を志し、「廿一日癸酉」が〝誤〟、「廿一癸酉」が〝正〟とされた。（「日本歴史」第64号、昭和28年9月号「研究余録」p29～p31）

〈二〉これは、酒井宇吉氏所蔵の「天寿国繡帳銘文、断簡」と一連のものと見られる、佐々木信綱氏所蔵断簡に、

波奈大女郎為后歳在辛巳十
二月廿一癸酉日入孔部間人

とあることを見出し、それを「依拠史料」とするものであった。

〈三〉これに加え、家永氏は、他の諸本（卜部兼文勘点文・九条家本・松下氏本等）においても、皆「廿一癸酉」としていることから、右の「林提案」を〝是認〟されるに至った。――以上だ。

右の「林提案――家永是認」は、果して正当であろうか。これを検証するため、林氏の提示せられた「校定、原文」を左に掲載しよう（全文）。

斯帰斯麻　宮治天下　天皇名阿　米久爾意
斯波留支　比里爾波　乃弥己等　娶巷奇大

臣名伊奈米足尼女名吉多斯比弥乃弥
己等為大后生名多至波奈等已比乃弥
己等妹名等已弥居加斯支移比弥乃弥
己等復娶大后弟名乎阿尼乃弥己等為
后生名孔部、間、人、公、主斯帰斯麻天皇之
子名蕤奈久羅乃布等多麻斯支乃弥己
等娶庶妹名等已弥居加斯支移比弥乃
弥己等為大后坐乎沙多宮治天、下、生、名、
尾治王多至波奈等已比乃弥己等娶庶
妹名孔部間人公主為大后坐瀆辺宮治
天下生名等已刀弥弥乃己弥等娶尾治
大王之女名多至波奈大女郎為后歳在
辛巳十二月廿一癸酉日入孔部間人母
王崩明年二月廿二日甲戌夜半太子崩
于、時、多、至、波奈大女郎悲哀嘆息白畏天
皇、前、曰、啓、之雖恐懐心難止使我大王与
母王如期従遊痛酷无比我大王所告世
間虚仮唯仏、是、真、玩、味其法謂我大王応

生於天寿　国之中而　彼国之形　眼所叵看
希因図像　欲観大王　往生之状　天皇聞之
悽然告曰　有一我子　所啓誠以　為然勅諸
采女等造　繍帷二張　画者東漢　末賢高麗
加西溢又　漢奴加己　利令者椋　部秦久麻

右の全文を子細に観察すると、一見些少な、しかしその実、重大なる矛盾を見出す。それは、次の「形式的誤差」だ。

〈その一〉辛巳十二月廿一癸酉（多至波奈大女郎、為后の歳時）
〈その二〉明年二月廿二日甲戌（太子崩の歳時）

右の二項を比較すれば、明らかに〈その一〉の「日」字を欠く表記は不自然であり、〈その二〉の「月……日」という、極めて自然な行文と一致していないこと、自明だ。しかも、次の二点が注目されよう。

①この原文が「四字一句」である点から見れば、
「辛巳十二」「月廿一日」「癸酉日入」の方が、意味上の〝切れ〞がよく、
「辛巳十二」「月廿一癸」「酉日入孔」の方が、はるかに〝切れ〞が不良だ。したがって、「四字、一句」に〝合わせる〞ため、敢えてこの「『日』抜き」の、不自然な句形をえらんだ、とは、到底考えがたいのである。

②では、全文の「四百一字」化を〝きらって〞、これを〝避ける〞ため、敢えてこの「月日の『日』抜き」という、不自然な句形をえらばざるをえなかったのか。――このように問うてみると、やはり、「否！」と答えざ

るをえない。なぜなら、全文中

大王之女―→大王女
天寿国之中―→天寿国中
彼国之形―→彼国形
往生之状―→往生状

などの「之」字は、これの〝有無〟によって意義上の差異の生じえないこと、周知のごとくである。したがって、この中の一の「之」字を削れば、何の「文脈上の不自然さ」もなく、「四百字」へと〝一字の縮約〟をなしうること、いうまでもない。それに、これは一例にすぎず、他にも、「一字縮約」をなしうる個所、決して少しとしないのである。

このように考えてみると、この原繡銘の原作者が、このように〝不細工にして不釣合〟なる「月日の中の『日』抜き」という「原銘」を構文した、とは、到底考えることはできぬ。わたしがわたし自身の、平明なる理性を否定せざるかぎり、そのように考えざるをえないのである。

では、このような〝不細工な構文の主〟は誰か。このように問うと、わたしには、次のような「回答」(仮説)が浮かばざるをえない。

〈A〉「偽作者」Xは、原銘の「二月五日」(太子崩の歳時)に対し、「二月廿二日」へと「改ざん」を加えた(「釈迦三尊銘文」の「二月廿二日」と〝合致〟させるため)。

〈B〉そのため、(現存実物との相応のため)なるべく近所(第百六十一字より第二百五十七字迄の間、か)で〝数字上のつじつま合わせ〟をしなければならなくなり、いわば〝背に腹を変えられず〟

十二月廿一癸酉

という、〃不細工で不自然な構文〃へと「逃避」(第二次改ざん)をせねばならなくなった。

〈C〉現存の、いわゆる「古写本」「断簡」類は、決して七世紀などの古写本、断簡ではなく、「鎌倉期以降の写本・断簡」であるから、すべて、右の「第二次改ざん形の反映」と考えられる。以上だ。

以上は、決して「確実な仮説」ではない。なぜなら、「天寿国繡帳の全原銘」もしくは「七世紀中葉以前の、古写本」などが現存しないからである。ただ、このような「仮説」に立てば、〃一応、合理的な分析が可能になろう。〃という、それだけのことだ。

しかし、「林――家永仮説」の場合、到底わたしには、「合理的な仮説」とは見えないのを、いかんともしがたいのである。

「では、多くの古写本(諸本)が一致して、『廿一癸酉』と書いてあるではないか。」林・家永氏は、そのように問われるかもしれぬ。これに答えよう。

たとえば、歎異抄。それは十三世紀後半頃の成立であるが、その江戸時代初頭頃(十七〜八世紀前後)書写の「古写本」群を並べ、それらに「一致」しているから、と称して、これぞ「歎異抄の原形」と「確定」できるだろうか。その、史料批判上、不適正なること、すでにわたしが、詳悉に論じ尽くしたところ、家永氏も周知のところである。

それを明らかにしたもの、それは右の後代写本群に対して、もっとも早く成立した「歎異抄蓮如本」の存在であった(原写は、十五世紀中葉の頃)。それは各所に一見、〃あやまり〃のごとく見える「表記」を多くふくんでいた。たとえば、「親鸞」、たとえば、「一定思ひたまふなり。」等の表記がそれである。これらは、いわゆる「後代写本群」(永正本・竜谷本等)では、〃書き直さ〃れ、〃つじつま〃があわせられていた。しかし、親鸞の時代、鎌倉期古写本群と対比した結果、「孤立」した蓮如本の表記が是、「多数一致」する後代写本群が非、であることが確認されたのである。

さらに、右の問題のハイライト、眼睛となったのは、歎異抄末尾の「流罪記録」(流罪目安)問題である。多屋頼俊氏は、やはり「後代写本群の、数の優勢」を理由として、この流罪記録なき「後代写本形」をもって、「原形」と称された。しかし、氏との論争の結果、その「数の多寡を名分とする主張」の根拠なきこと、一見「孤立」した、歎異抄蓮如本という、もっとも「成立期の早い」一写本の方が是であったことを、各方面より論証しえたのである。

これらの諸論文は、わたしの『親鸞思想——その史料批判』(冨山房刊)に掲載するところ、この本の「序文」をお書きいただいた家永氏の、誰人よりも、周知せられるところである。

これと同じ問題は、古事記にも認められた。「孤立」した真福寺本の表記が是、「多数一致」の「後代写本群」の表記が非、その事例は各所に認められるのである。

たとえば、「奪ひ取りき」問題。垂仁期において、沙本城陥落のあと、

爾《ここ》に天皇悔ひ恨みて、玉を作る人等を悪《にく》み、皆其の地を奪ひ取りき。(真福寺本)

とあるところを、「後代写本群」(前田家本・猪熊本・寛永版本等)等、一致して

其の地を皆奪ひ(たまひ)き。

とある。

これは、主語が「垂仁天皇」であるにもかかわらず、「奪ひ取る」という表現は不穏当、そのように見なして、

「取」の一字を〝カット〟したのが、「一致する諸本」のしめす史料状況であり、「奪ひ取る」の真福寺本こそ「原形」と見なすべきこと、すでに論じた。すなわち、この「沙本」は、大和の佐保（奈良市）ではなく、摂津の佐保（茨木市）であった。そこは「銅鐸圏の中心地」である上、いまだ〝垂仁の支配下〟になき地帯だった。だからこそ、「奪ひ取る」の表記こそ本来形であり、真実（リアル）だったのである。それが真福寺本だ。これに対して、「日本列島はすべて天皇の領地」式の〝後代の観念〟によって〝書き直した〟ものこそ、「後代写本一致」の姿だったのである。この点、すでに『古代は輝いていた』第二巻に詳論したところであるけれど、残念ながら、いまだ応答者（賛否とも）を見ない。

以上、中世、古代を問わず、「後代写本、一致」を〝名〟とする議論の、史料批判上、いかに危いかが知られよう。学問の世界、論証の世界において、「多数決」の精神をもちこむことの不当であること、危険であること、いうまでもない。なぜなら、「多数決」や「全員一致」の名において、「独創」も、「独自の論証」も、容易に圧殺しうるからである。

以上、自明の道理をことごとくのべたのは、他でもない。今問題の「廿一癸酉」という表記を「諸本一致」してしめす、という、その「諸本」とは、「鎌倉期以降の後代写本群」に他ならぬからである。

「七世紀後半から八世紀に至る」時間帯が、近畿天皇家による「大いなる偽作の時代」であったこと、すでにのべた。「上宮聖徳法王帝説」はおそらくその「偽作の時代」の所産であろう。

これに対し、「鎌倉期前後」は、右に対する「つじつま合わせ」の時間帯に当っていたのではあるまいか。あたかも、歎異抄（鎌倉期成立）に対する、江戸時代頃の「後代写本群」のように。「飛鳥時代（七世紀前半）〜鎌倉時代（十三〜四世紀）」の間が、すでに五〜六世紀を閲《けみ》していることを考えれば、思い半ばにすぐるものがあろう。

要は、このような「後代写本の一致」を名として、「断定」や「確定」をなすことの、いかに危険であるか、その一点を認識すれば足りるのである。

もちろん、「天寿国繡帳」の場合、右の歎異抄蓮如本や古事記真福寺本のような、「狐立した、原初形古写本」が出現していない。それゆえ、今のところ「諸本一致」と、家永氏の目に映じた、後代写本群によって立論すること、あるいは止むをえぬかに見えよう。すなわち、蓮如本出現（公開）以前の、江戸時代の本願寺の学匠、あるいは真福寺本出現以前の、古事記研究者、彼等の立場と同一の立場に、家永氏は立っておられるものとも、あるいは評しえよう。

しかしながら、そのさい、断然たる光彩を放つもの、それこそ「釈迦三尊の光背銘」である。これに関しては、幸いにも、金石文という「最良の原本」が存在している。この文面に対する史料批判の結果、この「上宮法皇とその母、鬼前大后とその王后」との三者が、到底通説のごとく、「聖徳太子とその母とその妃」に当りえないこと、わたしのすでにのべたところ、そして本論争で、幸いにも一段と明らかになしえたところである。

このような史料批判の帰結よりすれば、その「通説」と〃相呼応する〃かのごとき、この「後代写本、一致形」の怪しむべきこと、ついに論理のおもむくところとして、わたしには回避することができないのである。

問題の本質は、次のようだ。金石文という、現存する第一史料（釈迦三尊銘文）に対する厳正な分析をもって、「研究の原点」におき、〃重要な矛盾をふくむ後代写本群（天寿国繡帳銘文）〃に対する批判をおこなうか、それとも、後者に「研究の原点」をおき、前者に対する「解釈」へとおもむこうとするか、その是非である。家永氏の立場は後者、わたしの立場は前者。わたしの目には、そのように見えているのである。

少くとも、「後代写本群の一致」を〃名〃として、「断定」や「確定」を行った、と称せられる家永氏の筆致を見て、わたしは〝権威に満ちた〟江戸時代の本願寺学匠や現代の多屋頼俊氏等と同類の研究姿勢を感じたこと、それを率直に記させていただきたい。敬愛する家永氏に対して、わたしの深く悲しむところである。

（この「史料批判上の問題」について、奇しくも、同一の問題性格をもつ、重要な論争が生じている。平安中期末成立の『二中歴』所収の「九州年号」と、後代写本〈室町〜江戸期〉一致の「九州年号（異年号・古代年号）群」との関係である。『市民の古代』第十一集以降を参照されたい。この点、家永氏をはじめ、日本古代史学者が、ひろく関心をもち、九州年号論争に参加されることが切に望まれる。）

以上で、わたしの論述は終った。冒頭にしるしたように、家永氏の側から、さらなる再批判の御論稿を望むこと切なるものがあるけれども、氏は目下のところ、その予定なし、との御意向のようである。あるいは、この「追加」稿がそれに当るものかもしれぬ。

さはあれ、わたしにとって、「記、紀の説話」等の問題が残されている。これは、わたしの側から、家永氏に問いかけ、氏より、今回のわたしの論稿のような、あるいはそれ以上の長文をもって御応答いただけるならば、一介の歴史探究者として、これに勝る喜びはない。

今回も、相互に率直な応答を交わす中で、多大の新知見に恵まれた。これ、家永氏より承くるをえた学恩として、永く銘記させていただきたいと思う。

付1　日本書紀の修飾字句

『歴史地理』第七十三巻、第六号より

家永　三郎

上代佛教文化史に關心を有するものの一人として、當夜の壯觀をまのあたりにすることが出來ましたのを無上の光榮と致して居ります。且兩博士の御熱論よりは尠からぬ示唆にあづかり、極めて有益に拜聽させて頂きました。唯日本書紀聖德太子薨去記事や、七大寺年表、伊呂波字類抄の史料的取扱ひ等につき、いささか了解致し兼ねる點がありましたが、これらについては他日親しく御高教を仰ぎたいと存じて居ります。今は姑く當夜の論戰を離れて、私自身この問題に關し、日頃考へて居ります一箇條を申述べて拜聽の感想に代へたいと思ひます。先づ日本書紀の法隆寺罹災記事といふものに、今少し考慮せらるべき問題が潜んでゐる樣に思はれます。一口に日本書紀と申しましても、天武・持統紀三卷と、天智紀以前とでは、全然文獻の性質を異にしてゐることは看過せらるべきではありません。この法隆寺罹災記事にしても、問題の「一屋無餘大雨雷震」の八字が、その原資料（恐らく膳氏家記、又はその原資料）に無い文字であることは、もはや今日異論の無い處と思ひますが、然りとせば我々は、更にかゝる文字を新に附加した書紀編者の意圖が、那邊にあつたかを推測してみる必要があるのではないでせうか。その場合書紀編者が、例へば飢饉の記事の後に、「人相食」と附け加へたり、詔勅の後に「百姓大悅」と云ふ句を入れたりする樣に、事實の有無に關せず、自由な修飾句を附加する慣習の持主であつたこと、特に書紀の最初の編纂が、近江政府の政治的對立者たる淨御原政府の手で行はれたこと、「一屋無餘大雨雷震」の八字が、天智六年紀の「天下百姓不願遷都、云々、日々夜々失火處多」や、十年紀の「大炊省鼎鳴」、其の他の類似の記事と同じく、近江政府の失政と、没落の前兆とに附會された、編者一流の造作の臭濃厚なこと、これらの點が一應取り上げられて然るべきでありませう。この記事の確實性の主張は、かゝる嚴密な批判の關門を通過した後にこそ、始めて强大なる力を發揮することが出來るのでありまして、單に五十年の目前の出來事云云、官撰の正史云云では如何と愚考する次第です。

付2　天寿国繡帳銘文

家永三郎著『上宮聖徳法王帝説の研究　増訂版』(三省堂)より

銘文の正確なる復原を完遂せんとせば、全文四百字を決定して、之を四字宛龜甲の一顆に配當せざるべからず。然れども諸說未だ歸一せざるもの多くして、今直に四百字を確定するは冒険たるを免れざれば、ここには姑く衍字を推定削除することなく、四百一字を揭げて、四字一顆の配當をやめ、現存龜甲文の文字をゴジック活字を以て示すにとどめたり。但し衍字が第百六十一字より第二百五十七字迄の間にあることは、現存龜甲文の文字の位置よりして明と云ふべし。

斯《シ》歸《キ》斯《シ》麻《マノ》宮《ミヤニ》治天下《アメノシタシラシメシシ》天《スメラ》皇《ミコト》、名《ミナハ》阿《ア》米《メ》久《ク》爾《ニ》意《オ》斯《シ》波《ヘ》留《ル》支《キ》比《ヒ》里《ロ》爾《ニ》

波《ヘ》乃《ノ》彌《ミ》己《コ》等《ト》、娶《メシテ》巷《ソ》奇《ガノ》(二)大《オホ》臣《オミ》名《ナハ》伊《イ》奈《ナ》米《メノ》足《スク》尼《ネノ》女《ムスメ》、名《ナハ》吉《キ》多《タ》斯《シ》比《ヒ》彌《メ》

乃《ノ》彌《ミ》己《コ》等《トヲ》爲《ナシタマヒ》大《オホ》后《キサキトシキ》、生《ウミマ》名《ミナハ》多《タ》至《チ》波《バ》奈《ナノ》等《ト》已《ヨ》比《ヒ》乃《ノ》彌《ミ》己《コ》等《ト》、妹《イモ》名《ミナハ》等《ト》已《ヨ》彌《ミ》居《ケ》加《カ》斯《シ》支《キ》移《ヤ》比《ヒ》彌《メ》乃《ノ》彌《ミ》己《コ》等《ト》。復《マタ》娶《メシテ》大《オホ》后《キサキノ》弟《オト》、名《ナヘ》乎《ヲ》阿《ア》尼《ネ》乃《ノ》彌《ミ》己《コ》等《トヲ》爲《ナシタマヒ》后《キサキトシキ》、生《ウミマ》名《ミナハ》孔《アナホ》部《べ》間《ハシ》人《ヒトノ》公《ミ》主《コヲシ》。斯《シ》歸《キ》斯《シ》麻《マノ》天皇《スメラミコト》之《ノ》子《ミコ》、名《ミナハ》蕤《ヌ》奈《ナ》久《ク》羅《ラ》乃《ノ》布《フ》等《ト》多《タ》麻《マ》斯《シ》支《キ》乃《ノ》彌《ミ》己《コ》等《ト》、娶《ミアヒマシテ》庶《マ》妹《イモ》名《ミナハ》等《ト》已《ヨ》彌《ミ》居《ケ》加《カ》斯《シ》支《キ》移《ヤ》比《ヒ》彌《メ》乃《ノ》彌《ミ》己《コ》等《トヲ》爲《ナシタマヒ》大《オホ》后《キサキトマシテ》、坐《チ》乎《サ》沙《タ》多《ノ》宮《ミヤニ》治《シロシメシキ》天《アメノ》下《シタ》。生《ウミマシヌ》名《ミナハ》尾《ヲ》治《ハリノ》王《ミコヲ》。多《タ》至《チ》波《バ》奈《ナノ》等《ト》已《ヨ》比《ヒ》乃《ノ》彌《ミ》己《コ》等《ト》、娶《ミアヒマシテ》庶《マ》妹《イモ》名《ミナハ》孔《アナホ》部《べノ》間《ハシ》人《ヒトノ》公《ミ》主《コニ》爲《ナシタマヒ》大《オホ》后《キサキトマシテ》、坐瀆《イケノ》邊《べノ》宮《ミヤニ》治《シラシメシキ》天《アメノ》下《シタ》。生《ウミマシキ》名《ミナハ》等《ト》已《ヨ》刀《ト》彌《ミ》ゝ《ミ》乃《ノ》彌《ミ》己《コ》等《ト》。娶《メシテ》尾《ヲ》治《ハリノ》大《オホ》王《キミ》之《ノ》女《ムスメ》、名《ミナハ》（二）多《タ》至《チ》波《バ》奈《ナノ》大《オホ》女《イラツ》郎《メヲ》爲《ナシタマヒキ》后《キサキト》。歳《ホシハ》在《アルトシノ》辛《カノト》巳《ノミニ》十《シ》二《ハ》月《ス》廿《ハツカアマリ》一《ツキ》日《タチ》（三）癸《ミヅノト》酉《トリノ》日《ヒノヒノ》入《クレニ》、孔《アナホ》部《べノ》間《ハシ》人《ヒトノ》母《ハハノ》王《ミコ》崩《ウセマシヌ》。明《アクル》年《トシノ》二《キサ》月《ラギ》廿《ハツカアマリ》二《フツ》日《カ》甲《キノエ》戌《イヌノヒノ》夜《ヨ》半《ナカニ》、太子《ヒツギノミコ》崩《ウセマシヌ》（四）。于《ニ》時《トキ》、多《タ》至《チ》波《バ》奈《ナノ》大《オホ》女《イラツ》郎《メ》（五）悲《カナ》哀《シビ》嘆《ナゲキ》息《タマヒ》、白《マヲシタマヘ》畏《カシコミ》天《スメラ》皇《ミコトノ》前《ミマヘニ》曰《ク》、啓《マヲス》之《コト》雖《ドモ》恐《オソレアレ》、懐《オモフ》心《コヽロ》難《トヾメカネツ》止。使我《ワガ》大《オホ》王《キミ》與《ト》母《ハヽノ》王《ミコ》（六）如《ゴト》期《チギリタマヒツルガ》従遊《ホトケノクニニイデマシヌ》。痛酷《イタマシキコト》无《ナシ》比《タグヒ》。我《アガ》大《オホ》王《キミ》所告《ノリタマハク》、（七）世《ヨノ》間《ナカハ》虚《ムナ》假《シ》、唯《タヾ》佛《ホトケノミ》是《コレ》眞《マコトナリ》。（八）玩味《アヂハヒミルニ》其《ソノ》法《ミノリヲ》、謂《オモヘラク》我《ワガ》大《オホ》王《キミ》應《ツラム》生《ウマレマシ》於天《テン》壽《ジユ》國《コク》之《ノ》中《ウチニ》。而《シカレドモ》彼《カノ》國《クニ》之《ノ》形《サマ》眼《メニシ》所叵《ガタ》看《ミ》。希《ネガハク》因《ヨリテ》圖像《カタニ》欲《ス》観《ミタテマツラムト》大《オホ》王《キミノ》往《ウマレ》生《マシ》之《ツル》狀《サマチ》。天《スメラ》皇《ミコト》聞《キコシメシテ》之、悽然《カナシビテ》告《ノリ》曰《タマヘク》、有《アリ》（九）一《ヒトリノ》我《アガ》子《コ》、所啓《マヲス》誠《マコトニ》以爲然。勅《ミコトノリシテ》諸《モロモロノ》（一〇）采《ウネ》女《メ》等《ラニ》、造《ツクラシメタマヒキ》繡《ヌヒモノノ》帷《トバリ》（一一）二《フタ》張《ハリ》。（一二）畫《エ》者《シ》、（一三）東漢《ヤマトノアヤノ》末《マ》賢《ケン》、（一四）高《コ》麗《マノ》加《カ》西《セ》溢《イ》、又《マタ》（一五）漢《アヤノ》奴《ヌ》加《カ》己《コ》利《リ》。令《ツカサ》者、（一六）椋部《クラヒトベノ》（一七）秦《ハタノ》久《ク》麻《マ》。

右《ミギハ》（一八）在《アル》法《ヘフ》隆《リユウ》寺《ジノ》藏《クラニ》（一九）繡《ヌヒモノノ》帳《トバリ》二《フタ》張《ヘリニ》（二〇）縫着《ヌヒツケタル》龜《カメノ》背《セノ》上《ウヘノ》文《モ》字《ジ》者《ナ》也《リ》。

【追補】　林幹彌氏は「天壽國繡銘について」（日本歴史第六十四號）に於て、佐々木本及びこれと同一本なりし斷簡の一行十二字なることと現存龜甲原物の配字とより推して、「廿一癸酉」とするときは、原銘文四百字の完數を得て矛盾を生ぜずとせり。その後發見せられたるト部兼文勘點文、九條家本及び松下氏本等にも皆「廿一癸酉に作るを見れば、原銘文に「廿一癸酉」とありしことは、今日ほぼ誤なき處として可ならむか。よりて、下掲の復原銘文より「廿一」の下の「日」を削ることとなせり。

付3　天寿国繡帳銘文（読み下し）

岩波思想大系本聖徳太子集『上宮聖徳法王帝説』（家永三郎・築島裕校注）より。

*斯歸斯麻宮《しきしまノみやに》 治 天 下《あメノしたしらしめしし》 天 皇《すめらみコト》、名《な》をば*阿米久尓意斯波留支比里尓波乃弥己等《あメくにおしはるきひロにはノみコト》トまをす、*巷奇大臣《そがノおほおみ》、名《な》をば*伊《い》奈米足尼《なメノすくね》トいふが女《むすめ》、名《な》をば吉多斯比弥乃弥己等《きたしひめノみコト》トいふを娶《ま》きて大后《おほきさき》ト為《し》て生《う》めるを、名《な》をば*多至波奈等已比乃弥己等《たちはなトヨひノみコト》トまをす。妹《いロド》ノ名《な》をば*等已弥居加斯支移比弥乃弥己等《トヨみケかしきやひめノみコト》トまをす。復《また》、大后《おほきさき》ノ弟《*いロド》ノ、名《な》をば*乎阿尼乃弥己等《をあねノみコト》トまをすを娶《ま》きて后《きさき》ト為《し》て生《う》めるを、名《な》をば*孔部 間人公主《あなほでノはしひとノひめみこ》トまをす。

斯歸斯麻 天 皇《しきしまノすめらみコト》ノ子《みこ》ノ、名《な》をば*蕤奈久羅乃布等多麻斯支乃弥己等《ぬなくらノふトたましきノみコト》トいふが、麻妹《ままいロド》ノ、名《な》をば等已弥居加斯支移比弥乃弥己等《トヨみケかしきやひめノみコト》トいふを娶《ま》きて大后《おほきさき》ト為《し》て、*乎沙多宮《をさたノみや》に坐《いま》して、天 下 治《あメノしたしらしめ》しき。名《な》をば*尾 治 王《をはりノおほきみ》トまをすを生《う》みたまふ。多至波奈等已比乃弥己等《たちはなトヨひノみコト》、庶妹《ままいロド》ノ、名《な》をば孔部間人公主《あなほべノはしひトノひめみこ》トまをすを娶《ま》きて大后《おほきさき》ト為《し》て、*濱邊宮《いケノべノみや》に坐《いま》して、天 下 治《あメノしたしらしめ》しき。名《な》をば*等已刀弥ゝ乃弥己等《トコとみみノみコト》トまをすを生《う》みたまふ。尾治大王《をはりノおほきみ》ノ女《むすめ》ノ、名《な》をば*多至波奈大女郎《たちはなノおほいらつめ》トまをすを娶《ま》きて后《きさき》ト為《し》たまふ。歳在辛《さいざいし》巳十二月《しノじふにぐわちノ》 *廿一《にじふいち》ノ癸酉《くゐいう》ノ*日入《ひぐれ》に、孔 部間 人 母 王《あなほべノはしひトノははノおほきみ》崩《うせま》しぬ。明年《くるつトし》ノ二月廿《にぐわちノに》二日《じふりにち》ノ甲戌《かふじゆつ》ノひノ夜半《よなか》に、太 子《ひつぎノみこ》*崩《かむあかりま》しぬ。時《とき》に多至波奈大女郎《たちはなノおほいらつめ》、*悲哀《かなし》ビ嘆息《なゲ》きて、畏《かしこ》き天（皇《すめらみコト》ノ前《みまへ》に）白《まを》して（曰《まを》さく、「啓《まを》さむコト）*恐《おそり》ありト雖《いへド》も、懐《おも》ふ心止《ココロや》み難《がた》し。我《あ》が大王《おほきみ》、母 王《ははノおほきみ》ト *期《ちぎ》りしが如《ゴト》、従遊《ずゆ》したまひき。

痛《いた》く*酷《から》きコト*比无《たぐひな》し。我《あ》が大王《おほきみ》ノ告《ノ》りたまへらく、「*世間《ヨノなか》は虚《うつは》り假《か》りにして、唯佛《ただほトケ》ノミ是真《コれまコト》ソ」トノりたまへり。其《ソ》ノ法《みノり》を*玩《もてあそ》び味《あぢは》ふに、我《あ》が大王《おほきみ》は*天壽國《てずこく》ノ中《うち》に生《うま》れたまふ*應《べ》しト謂《おも》へり。而《しか》るもノを*彼《ソ》ノ國《くに》ノ*形《かたち》は眼《まなこ》に看《み》*叵《がた》き所《トコロ》ソ。*悕《まれ》に像《みかた》を図《ゑが》くに因《ヨ》りて、大王《おほきみ》ノ往《ゆ》きて生《うま》れたまへる*状《かたち》を観《み》むト欲《おも》ふ」トまをす。天皇《すめらみコト》聞《きコしめ》して*悽然《かなし》ビ、告《つ》げて曰《ノりたま》はく、「*有《あ》る*一《ひトり》ノ我《あ》が子《こ》ノ啓《まを》す所《トコロ》、誠《まコト》に以《も》て然《しか》ソト為《おも》ふ」トノりたまへり。諸《もロもロ》ノ*采女《うねめ》等《たち》に勅《みコトノり》して*繡帷《ぬひもノノかたひら》二張《ふたはり》を造《つく》らしメたまふ。*畫《ゑが》く者《ひト》は*東漢末賢《やまとノあやノまけ》、高麗加西溢《こまノかせい》ソ。又《また》、漢奴加己利《あやノぬかコり》、*令者《つかさひト》*椋部秦久麻《くらひトベノはたノくま》ソ。

右《みぎ》は*法隆寺《ほふりうじ》ノ蔵《くら》に在《あ》る繡帳《ぬひもノノかたびら》二張《ふたはり》に縫《ぬ》ひ着《つ》ケたる*龜《かメ》ノ背《せ》ノ上《うへ》ノ文字《もじ》ソ。

著者紹介

家永三郎（いえなが・さぶろう、1913―2002年）
歴史学者。自由民権期の近代思想家の研究や太平洋戦争への道を厳しく追及した著作、それに関連して教科書検定裁判で知られるが、歴史家としての出発点は日本古代思想史で、多くの基礎的な業績を残した。
主な著作に、『日本思想史に於ける否定の理論の発達』『上宮聖徳法王帝説の研究』『植木枝盛研究』『太平洋戦争』などがある。

古田武彦（ふるた・たけひこ、1926年―）
歴史学者。親鸞の研究者として出発、1970年より古代史の定説に再検討を迫る研究に専念し、大和朝廷一元史観に対して、北部九州など各地に王朝があったとする多元史観を提唱し旺盛な著作活動を続けている。
主な著作に、『日本古代新史』『関東に大王あり』『「君が代」は九州王朝の讃歌』（以上、新泉社）『古田武彦著作集』（明石書店）などがある。

新装　聖徳太子論争

1989年 10 月 1 日　第 1 版第 1 刷発行
2006年 4 月 1 日　新装版第 1 刷発行

著者＝家永三郎，古田武彦
発行所＝株式会社　新泉社
東京都文京区本郷 2-5-12
振替・00170-4-160936 番　TEL 03-3815-1662　FAX 03-3815-1422
印刷・萩原印刷　製本・榎本製本

ISBN 4-7877-0605-5 C1021